Líneas Directrices de la OCDE para Empresas Multinacionales sobre Conducta Empresarial Responsable

OCDE
MEJORES POLÍTICAS
PARA UNA VIDA MEJOR

Las enmiendas de 2023 a las *Líneas Directrices para Empresas Multinacionales sobre Conducta Empresarial Responsable* fueron adoptadas por los Adherentes a la *Declaración sobre Inversión Internacional y Empresas Multinacionales* [OCDE/LEGAL/0144]. La Decisión sobre las *Líneas Directrices para Empresas Multinacionales sobre Conducta Empresarial Responsable* [OCDE/LEGAL/0307] fue adoptada por el Consejo de la OCDE a Nivel Ministerial. Los Comentarios sobre ambos instrumentos fueron aprobados por el Comité de Inversiones de la OCDE. El Prólogo se publica bajo la responsabilidad del Secretario General de la OCDE y no refleja necesariamente las opiniones oficiales de los países miembros de la OCDE.

Tanto este documento, así como cualquier dato y cualquier mapa que se incluya en él, se entenderán sin perjuicio respecto al estatus o la soberanía de cualquier territorio, a la delimitación de fronteras y límites internacionales, ni al nombre de cualquier territorio, ciudad o área.

Por favor, cite esta publicación de la siguiente manera:
OECD (2023), *Líneas Directrices de la OCDE para Empresas Multinacionales sobre Conducta Empresarial Responsable*, OECD Publishing, Paris, https://doi.org/10.1787/7abea681-es.

ISBN 978-92-64-69948-9 (impresa)
ISBN 978-92-64-50985-6 (pdf)

Publicado originalmente en inglés por la OCDE con el título: OECD (2023), *OECD Guidelines for Multinational Enterprises on Responsible Business Conduct*, OECD Publishing, Paris, https://doi.org/10.1787/81f92357-en.
Esta traducción ha sido comisionada por la Dirección de Asuntos Financieros y Empresariales y su precisión no puede ser garantizada por la OCDE. Las únicas versiones oficiales son los textos en inglés y/o francés.

Las erratas de las publicaciones se encuentran en línea en: www.oecd.org/about/publishing/corrigenda.htm.

Prólogo

Las *Líneas Directrices de la OCDE para Empresas Multinacionales sobre la Conducta Empresarial Responsable* (las *Líneas Directrices)* son recomendaciones dirigidas conjuntamente por los gobiernos a las empresas multinacionales para fomentar las contribuciones que las empresas pueden hacer al desarrollo sostenible y abordar los impactos negativos asociados a las actividades empresariales sobre las personas, el planeta y la sociedad. Las *Líneas Directrices* cuentan con el apoyo de un mecanismo de implementación único, los Puntos nacionales de contacto para la conducta empresarial responsable (PNC), establecidos por los gobiernos para fomentar la eficacia de las *Líneas Directrices*.

Desde su introducción en 1976, las *Líneas Directrices* han sido actualizadas continuamente para mantener su relevancia en vista de los desafíos sociales y la evolución del contexto para los negocios internacionales. La actualización de 2023 refleja una década de experiencia desde su última revisión en 2011 y responde a las prioridades urgentes en materia social, ambiental y tecnológica a las que se enfrentan las sociedades y las empresas. Las principales actualizaciones incluyen:

- Recomendaciones para que las empresas se alineen con los objetivos acordados internacionalmente en materia de cambio climático y biodiversidad
- Inclusión de las expectativas de debida diligencia en el desarrollo, financiación, venta, concesión de licencias, comercio y uso de la tecnología, incluyendo la recopilación y el uso de datos
- Recomendaciones sobre cómo se espera que las empresas lleven a cabo la debida diligencia sobre los impactos y las relaciones comerciales relacionadas con el uso de sus productos y servicios
- Mejor protección para las personas y grupos de riesgo, incluyendo aquellos que expresan preocupaciones con respecto a la conducta de las empresas
- Recomendaciones actualizadas en materia de divulgación de información relativa a la conducta empresarial responsable
- Ampliación de las recomendaciones en materia de debida diligencia para todas las formas de corrupción
- Recomendaciones para que las empresas aseguren que sus actividades de cabildeo sean coherentes con las *Líneas Directrices*
- Procedimientos reforzados para garantizar la visibilidad, eficacia y equivalencia funcional de los Puntos nacionales de contacto para la conducta empresarial responsable

La actualización fue llevada a cabo por los 51 Adherentes a la Declaración de la OCDE sobre inversión internacional y empresas multinacionales y la Unión Europea, que participan en el Grupo de trabajo de la OCDE sobre conducta empresarial responsable y el Comité de inversiones de la OCDE. La actualización contó con la estrecha participación de los actores institucionales de la OCDE, *Business at OCDE*, el *Comité Consultivo Sindical de la OCDE* y *OECD Watch*, que representan las opiniones de millones de empresas, trabajadores y miembros de la sociedad civil de todo el mundo. El proceso también incluyó dos consultas públicas abiertas a las partes interesadas de todo el mundo.

Los órganos de la OCDE y sus respectivos Secretariados fueron consultados y contribuyeron a las revisiones de los capítulos temáticos de las *Líneas Directrices*, incluyendo el Comité de competencia; el Comité de política de consumidores; el Comité de gobierno corporativo; el Comité de ayuda al desarrollo; el Comité de política de economía digital; el Comité de empleo, trabajo y asuntos sociales; el Comité de política ambiental; el Comité de mercados financieros; el Comité de asuntos fiscales; el Comité de industria, innovación y emprendimiento; el Comité de seguros y pensiones privadas; el Comité de política científica y tecnológica; el Comité de PyME y emprendimiento; el Comité de comercio; el Grupo de trabajo sobre cohecho en las transacciones comerciales internacionales; y el Grupo de trabajo de altos funcionarios sobre integridad pública.

La actualización contó en todo momento con el apoyo del Centro de la OCDE para la conducta empresarial responsable de la Dirección de asuntos financieros y empresariales.

Índice

Prólogo 3

Declaración sobre inversión internacional y empresas multinacionales 7

Parte I: Líneas Directrices de la OCDE para Empresas Multinacionales sobre Conducta Empresarial Responsable 9

Prefacio 10

I. Conceptos y principios 12

II. Principios generales 14

III. Divulgación de información 22

IV. Derechos humanos 27

V. Empleo y relaciones laborales 31

VI. Medio ambiente 36

VII. Lucha contra el cohecho y otras formas de corrupción 43

VIII. Intereses de los consumidores 47

IX. Ciencia, tecnología e innovación 51

X. Competencia 55

XI. Cuestiones tributarias 57

Parte II: Procedimientos de implementación de las Líneas Directrices de la OCDE para Empresas Multinacionales sobre Conducta Empresarial Responsable 60

Decisión del Consejo sobre las Líneas Directrices para Empresas Multinacionales sobre Conducta Empresarial Responsable 61

Procedimientos 64

Comentarios a los Procedimientos de implementación 70

Declaración sobre inversión internacional y empresas multinacionales

LOS GOBIERNOS ADHERENTES[1]

CONSIDERANDO:

- Que la inversión internacional es de gran importancia para la economía mundial y que ha contribuido considerablemente al desarrollo de sus países;
- Que las empresas multinacionales desempeñan un papel importante en este proceso de inversión;
- Que la cooperación internacional puede mejorar el clima para la inversión extranjera, fomentar la contribución positiva que las empresas multinacionales pueden hacer al progreso económico, social y ambiental, y minimizar y resolver las dificultades que puedan surgir de sus operaciones;
- Que los beneficios de la cooperación internacional aumentan al abordar los asuntos relacionados con la inversión internacional y las empresas multinacionales a través de un marco equilibrado de instrumentos interrelacionados;

DECLARAN:

Líneas Directrices para Empresas Multinacionales

I. Que recomiendan conjuntamente a las empresas multinacionales que operen en o desde sus territorios la observancia de las *Líneas Directrices*, establecidas en el anexo 1 del presente documento[2], teniendo en cuenta las consideraciones y entendimientos establecidos en el Prefacio y que son parte integral de éstos;

Trato nacional

II. 1. Que los gobiernos adherentes deberían, en consonancia con sus necesidades, mantener el orden público, proteger sus intereses esenciales de seguridad y cumplir con los compromisos relacionados con la paz y la seguridad internacionales, conceder a las empresas que operen en sus territorios y que sean propiedad o estén controladas directa o indirectamente por nacionales de otro gobierno adherente (en lo sucesivo, "Empresas bajo control extranjero") un tratamiento de acuerdo con sus leyes, reglamentos y

[1] Desde el 8 de junio de 2023, todos los miembros de la OCDE son Adherentes, así como Argentina, Brasil, Bulgaria, Croacia, Egipto, Jordania, Kazajstán, Marruecos, Perú, Rumanía, Túnez, Ucrania y Uruguay. La Comunidad Europea ha sido invitada a asociarse a la sección sobre Trato nacional en asuntos de su competencia.

[2] El texto de las *Líneas Directrices para Empresas Multinacionales sobre Conducta Empresarial Responsable* son reproducidas en la Parte I de esta publicación.

prácticas administrativas, de conformidad con el derecho internacional y no menos favorable que el otorgado en situaciones similares a las empresas nacionales (en lo sucesivo, “Trato nacional”);

2. Que los gobiernos adherentes considerarán aplicar el “Trato nacional” con respecto a países que no sean gobiernos adherentes;

3. Que los gobiernos adherentes se esforzarán por asegurar que las subdivisiones territoriales apliquen el “Trato nacional”;

4. Que esta Declaración no aborda el derecho de los gobiernos adherentes a regular el ingreso de inversión extranjera o las condiciones para el establecimiento de empresas extranjeras;

Obligaciones contradictorias

III. Que cooperarán con miras a evitar o minimizar la imposición de obligaciones contradictorias a las empresas multinacionales y que tendrán en cuenta las consideraciones generales y los enfoques prácticos establecidos en el anexo 2 del presente documento;[3]

Incentivos y desincentivos a la inversión internacional

IV. 1. Que reconocen la necesidad de fortalecer su cooperación en el campo de la inversión extranjera directa;

2. Que reconocen así la necesidad de dar la suficiente relevancia a los intereses de los gobiernos adherentes afectados por leyes, reglamentos y prácticas administrativas específicas en este campo (en adelante denominadas “medidas”) otorgando incentivos y desincentivos oficiales a la inversión extranjera directa;

3. Que los gobiernos adherentes se esforzarán por hacer que tales medidas sean lo más transparentes posibles, de modo que sea posible determinar su importancia y propósito y que la información sobre éstas pueda obtenerse fácilmente;

Procedimientos de consulta

V. Que están dispuestos a consultarse entre sí acerca de los asuntos antes mencionados, de conformidad con las Decisiones del Consejo que resulten pertinentes;

Revisión

VI. Que revisarán los asuntos antes mencionados de manera periódica con miras a mejorar la eficacia de la cooperación económica internacional entre los gobiernos adherentes en temas relacionados con la inversión internacional y las empresas multinacionales.

---

[3] El anexo 2 se encuentra disponible en la versión completa de la Declaración sobre inversión internacional y empresas multinacionales disponible en: https://legalinstruments.oecd.org/en/instruments/OECD-LEGAL-0144.

Parte I: Líneas Directrices de la OCDE para Empresas Multinacionales sobre Conducta Empresarial Responsable

Texto y comentarios

Prefacio

1. Las *Líneas Directrices de la OCDE para Empresas Multinacionales sobre Conducta Empresarial Responsable* (las *Líneas Directrices*) son recomendaciones dirigidas por los gobiernos a las empresas multinacionales. El objetivo común de los Adherentes a las *Líneas Directrices* es fomentar las contribuciones positivas que las empresas pueden hacer al progreso económico, ambiental y social y minimizar los impactos negativos en los ámbitos cubiertos por las *Líneas Directrices* que puedan estar asociados con las operaciones, productos y servicios de una empresa. La conducta empresarial responsable puede facilitar la creación de condiciones equitativas en los mercados mundiales, fomentar un sector empresarial dinámico y eficaz y mejorar la contribución de las empresas a los resultados de desarrollo sostenible, incluyendo soluciones para abordar y responder al cambio climático.

2. Las *Líneas Directrices* forman parte de la *Declaración de la OCDE sobre inversión internacional y empresas multinacionales [OCDE/LEGAL/0144]*. Los Adherentes a las *Líneas Directrices* se comprometen de manera vinculante a promover su eficacia de conformidad con la *Decisión del Consejo sobre las Líneas Directrices de la OCDE para Empresas Multinacionales sobre Conducta Empresarial Responsable [OCDE/LEGAL/0307]*. En este sentido, los Puntos nacionales de contacto para la conducta empresarial responsable desempeñan un papel central.

3. Las *Líneas Directrices* tienen por finalidad promover el comercio y la inversión responsables y, de este modo, multiplicar los beneficios del comercio y la inversión a través de la participación y mejora continuas en todos los mercados del mundo. El comercio y la inversión internacionales fortalecen y profundizan los lazos entre países y regiones del mundo y generan beneficios importantes que son necesarios para que las sociedades alcancen resultados de desarrollo sostenible, incluida la creación de más y mejores empleos, el desarrollo de habilidades, la provisión de productos y servicios que mejoran los estándares de calidad de vida, y el acceso al financiamiento y a la tecnología necesarios para las transiciones digital y verde.

4. Las *Líneas Directrices* expresan la expectativa compartida de los Adherentes de una conducta empresarial responsable por parte de las empresas que operan en o desde sus países y brindan un punto de referencia destacado para las empresas y otras partes interesadas. Recomiendan que las empresas lleven a cabo la debida diligencia basada en el riesgo para identificar, prevenir, mitigar e informar acerca de cómo abordan los impactos negativos reales y potenciales en los ámbitos cubiertos por las *Líneas Directrices*. En este sentido, las *Líneas Directrices* complementan y refuerzan los esfuerzos públicos y privados para definir e implementar una conducta empresarial responsable.

5. Las *Líneas Directrices* proporcionan principios y estándares voluntarios para una conducta empresarial responsable de conformidad con las leyes aplicables y los estándares reconocidos internacionalmente. Los ámbitos cubiertos por las *Líneas Directrices* pueden ser objeto de leyes nacionales y compromisos internacionales. Las *Líneas Directrices* contienen recomendaciones sobre conducta empresarial responsable que pueden ir más allá de lo que las empresas están legalmente obligadas a cumplir. La recomendación de los gobiernos de que las empresas observen las *Líneas Directrices* es distinta de los asuntos referidos al cumplimiento de las obligaciones legales.

6. La capacidad de las empresas multinacionales para promover el desarrollo sostenible mejora considerablemente cuando el comercio y la inversión se llevan a cabo en un contexto de mercados abiertos, competitivos y adecuadamente regulados, con estado de derecho y protección del espacio

cívico. Los gobiernos desempeñan un papel importante en el apoyo a la implementación efectiva de las *Líneas Directrices*, incluso mediante la creación de un entorno de políticas públicas propicio para impulsar, apoyar y promover prácticas empresariales responsables. La coherencia política a nivel nacional e internacional puede fomentar la alineación y armonización de las iniciativas de conducta empresarial responsable. En este sentido, es relevante contar con una combinación inteligente de enfoques y medidas gubernamentales, que puede incluir enfoques obligatorios y voluntarios, así como desarrollo de capacidades y otras medidas complementarias. El diseño de políticas públicas, legislación y otras medidas específicas sobre conducta empresarial responsable estará determinado por los contextos políticos, administrativos y jurídicos de cada país.

7. El contexto político, económico, ambiental, social, físico y tecnológico para los negocios internacionales está experimentando cambios rápidos y de gran alcance. Las propias *Líneas Directrices* han evolucionado para reflejar estos cambios. En las últimas décadas, el comercio y las finanzas internacionales han crecido significativamente como parte de la economía global. Las grandes empresas siguen representando una parte importante del comercio y la inversión internacionales, aunque el comercio y la inversión transfronterizos de las pequeñas y medianas empresas también ha aumentado y estas empresas desempeñan ahora un papel importante en los mercados internacionales. Las empresas multinacionales, al igual que sus contrapartes nacionales, han evolucionado para abarcar una gama más amplia de estrategias comerciales y formas de organización. Los desarrollos tecnológicos, así como las alianzas estratégicas y las relaciones más estrechas con proveedores y contratistas tienden a desdibujar los límites de la empresa. La rápida evolución de la estructura de las empresas multinacionales también se refleja en sus operaciones en economías emergentes y en desarrollo, cuya participación en el comercio y la inversión transfronteriza está aumentando. En las economías emergentes y en desarrollo, las empresas multinacionales se han diversificado más allá de la producción primaria, y las industrias extractivas hacia la fabricación, el ensamblaje, el desarrollo del mercado interno y los servicios.

8. La naturaleza, el alcance y la velocidad de las transformaciones económicas han presentado nuevos desafíos estratégicos para las empresas y sus partes interesadas. Las fuerzas competitivas son intensas y las empresas multinacionales enfrentan una variedad de contextos legales, sociales y regulatorios. Muchas empresas multinacionales han demostrado que respetar altos estándares de conducta empresarial va de la mano con el crecimiento y la rentabilidad. Las empresas implementan cada vez más modelos de negocio que persiguen el desarrollo sostenible y apoyan la coherencia entre objetivos económicos, ambientales y sociales. Las empresas también han promovido el diálogo social sobre lo que constituye una conducta empresarial responsable y han trabajado con las partes interesadas, incluso en el contexto de iniciativas multiactor, para desarrollar guías sobre conducta empresarial responsable.

9. La adopción de las *Líneas Directrices* en 1976 y sus actualizaciones posteriores, reflejan una mayor demanda de las empresas para seguir los principios y estándares de conducta empresarial responsable. Los comienzos de este desarrollo se remontan al trabajo de la Organización Internacional del Trabajo a principios del siglo XX. La adopción por parte de las Naciones Unidas, en 1948, de la Declaración Universal de los Derechos Humanos, fue otro acontecimiento importante. Le siguió el desarrollo continuo de estándares relevantes para muchas áreas de conducta empresarial responsable. La OCDE ha contribuido de manera importante a este proceso, a través del desarrollo de estándares que cubren áreas como el medio ambiente, la lucha contra la corrupción, los intereses de los consumidores, el gobierno corporativo, la ciencia, la tecnología y la innovación, y las cuestiones tributarias.

10. Las *Líneas Directrices* continúan siendo el principal instrumento internacional sobre conducta empresarial responsable. Los Adherentes a las *Líneas Directrices* se comprometen a cooperar entre sí y con otros gobiernos para promover su implementación, en asociación con las muchas empresas, sindicatos y otras organizaciones no gubernamentales que están trabajando, a su manera, con el mismo fin.

I. Conceptos y principios

1. Las *Líneas Directrices* son recomendaciones dirigidas conjuntamente por los gobiernos a las empresas multinacionales. Proporcionan principios y estándares de buenas prácticas consistentes con las leyes aplicables y los estándares reconocidos internacionalmente. La observancia de las *Líneas Directrices* por parte de las empresas es voluntaria y no es jurídicamente vinculante. Sin embargo, algunos ámbitos cubiertos por las *Líneas Directrices* también pueden estar regulados por leyes nacionales o compromisos internacionales.
2. La primera obligación de las empresas es respetar las leyes nacionales. Las *Líneas Directrices* no sustituyen ninguna legislación o regulación nacional ni deberían considerarse que prevalecen sobre ellas. El hecho de que los gobiernos no respeten los principios y estándares consistentes con las *Líneas Directrices* o sus compromisos internacionales asociados no disminuye la expectativa de que las empresas observen las *Líneas Directrices*. Si bien las *Líneas Directrices* se extienden en muchos casos más allá de lo exigible por las leyes, no deberían y no tienen la intención de situar a una empresa en situaciones en las que deba hacer frente a obligaciones contradictorias. Sin embargo, en países donde las leyes y las regulaciones nacionales entran en conflicto con los principios y estándares de las *Líneas Directrices,* las empresas deberían buscar formas de cumplir dichos principios y estándares en la mayor medida que ello no signifique infringir las leyes nacionales.
3. Dado que las operaciones de las empresas multinacionales se extienden en todo el mundo, la cooperación internacional en este campo debería extenderse a todos los países. Los Adherentes a las *Líneas Directrices* alientan a las empresas que operan en o desde sus territorios a observar las *Líneas Directrices* dondequiera que operen, teniendo en cuenta a la vez las circunstancias particulares de cada país anfitrión.
4. No es necesaria una definición precisa de empresas multinacionales para los fines de las *Líneas Directrices*. Si bien las *Líneas Directrices* permiten un enfoque amplio para identificar qué entidades pueden considerarse empresas multinacionales a los efectos de las *Líneas Directrices*, la naturaleza internacional de la estructura o las actividades de una empresa y su estructura comercial, propósito o actividades son los principales factores a considerar en este sentido. Estas empresas operan en todos los sectores de la economía. Habitualmente se trata de empresas u otras entidades establecidas en más de un país y que están tan vinculadas que pueden coordinar sus operaciones de diversas formas. Aunque una o varias de estas entidades puedan ser capaces de ejercer una influencia significativa sobre las actividades de otras entidades en un grupo, su grado de autonomía en el seno del grupo puede variar ampliamente de una empresa multinacional a otra. Pueden ser de capital privado, público o mixto. Las *Líneas Directrices* están dirigidas a todas las entidades pertenecientes a la empresa multinacional (sociedades matrices y/o entidades locales). En función de la distribución efectiva de responsabilidades entre ellas, se espera que las distintas entidades cooperen y se ayuden entre sí para facilitar su observancia de las *Líneas Directrices.*
5. El objetivo de las *Líneas Directrices* no es introducir diferencias de trato entre las empresas multinacionales y las empresas nacionales, sino reflejar buenas prácticas para todas ellas. En consecuencia, las empresas multinacionales y las nacionales están sujetas a las mismas

expectativas con respecto a su conducta, en los casos en los que las *Líneas Directrices* sean relevantes para ambas.

6. Los gobiernos desean fomentar el mayor grado de observancia posible de las *Líneas Directrices*. Aunque se reconoce que las pequeñas y medianas empresas pueden no contar con las mismas capacidades que las grandes empresas, los Adherentes a las *Líneas Directrices* las alientan a observar, en la mayor medida posible, las recomendaciones de las *Líneas Directrices*.
7. Los Adherentes a las *Líneas Directrices* no deberían utilizarlas con fines proteccionistas ni de un modo que ponga en duda la ventaja comparativa de cualquier país en el que inviertan empresas multinacionales.
8. Los gobiernos tienen el derecho de establecer las condiciones bajo las cuales las empresas multinacionales operan dentro de sus jurisdicciones, de conformidad con el derecho internacional. Las entidades de una empresa multinacional ubicadas en diversos países están sujetas a la legislación aplicable en esos países. Cuando las empresas multinacionales estén sujetas a obligaciones contradictorias por parte de los Adherentes o terceros países, se alienta a los gobiernos concernidos a cooperar de buena fe con miras a resolver los problemas que puedan derivarse de esta situación.
9. Los Adherentes a las *Líneas Directrices* las establecen en el entendimiento de que cumplirán con sus responsabilidades de tratar a las empresas de manera equitativa y de conformidad con el derecho internacional y con sus obligaciones contractuales.
10. Se alienta el uso de mecanismos internacionales apropiados para la resolución de disputas, incluyendo el arbitraje, como medio para facilitar la resolución de los problemas legales que surjan entre las empresas y los gobiernos de los países anfitriones.
11. Los Adherentes a las *Líneas Directrices* las implementarán y fomentarán su uso. Establecerán Puntos nacionales de contacto para la conducta empresarial responsable que promuevan las *Líneas Directrices* y actúen como foro de discusión para todos los ámbitos cubiertos por las *Líneas Directrices*. Los Adherentes también participarán en procedimientos adecuados de revisión y consulta, para abordar preocupaciones relevantes relativas a la interpretación e implementación de las *Líneas Directrices* y para mantener su relevancia continua en un mundo en constante cambio.

II. Principios generales

Las empresas deberían tener plenamente en cuenta las políticas públicas establecidas en los países en los que operan y considerar las opiniones de otras partes interesadas. A este respecto:

A. Las empresas deberían:

1. Contribuir al progreso económico, ambiental y social con miras a lograr un desarrollo sostenible.
2. Respetar los derechos humanos reconocidos internacionalmente de las personas afectadas por sus actividades.
3. Fomentar el fortalecimiento de capacidades locales a través de una estrecha cooperación con la comunidad local, incluyendo los intereses comerciales, a medida que desarrollan las actividades de la empresa en los mercados nacionales y extranjeros, de conformidad con la necesidad de una buena práctica comercial.
4. Estimular la formación de capital humano, en particular a través de la creación de oportunidades de empleo y facilitando la formación de los empleados.
5. Asegurar la transparencia e integridad en las actividades de cabildeo y abstenerse de buscar o aceptar excepciones no contempladas en el marco legal o regulatorio relacionado con los derechos humanos, el medio ambiente, la salud, la seguridad, el trabajo, la fiscalidad, los incentivos financieros u otros temas.
6. Apoyar y defender los principios de buen gobierno corporativo y desarrollar e implementar buenas prácticas de gobierno corporativo, incluyendo en el seno de los grupos empresariales.
7. Desarrollar y aplicar prácticas de autorregulación y sistemas de gestión eficaces que favorezcan una relación de confianza mutua entre las empresas y las sociedades en las que operan.
8. Promover el conocimiento por parte de los trabajadores empleados por empresas multinacionales, de las políticas establecidas en la empresa, e incentivarlos a cumplirlas mediante una difusión adecuada, especialmente a través de programas de formación.
9. Abstenerse de adoptar medidas discriminatorias o disciplinarias o de tomar cualquier otro tipo de represalias contra los trabajadores, representantes sindicales u otros representantes de los trabajadores que presenten, de buena fe, denuncias ante la dirección o, cuando proceda, ante las autoridades gubernamentales competentes, respecto a prácticas contrarias a la ley, a las *Líneas Directrices* o a las políticas de la empresa.
10. Abstenerse y tomar medidas para evitar el uso de represalias, incluyendo por parte de entidades con las que la empresa tiene una relación comercial, contra cualquier persona o grupo que busque investigar o investigue o plantee inquietudes en relación con impactos negativos reales o potenciales asociados a las operaciones, productos o servicios de la empresa. Esto incluye promover un entorno en el que las personas y los grupos se sientan seguros para plantear sus inquietudes y, cuando corresponda, contribuir a remediar los impactos negativos de las represalias cuando ocurran.
11. Llevar a cabo la debida diligencia basada en el riesgo, por ejemplo, incorporándola en sus sistemas de gestión de riesgo empresarial, para identificar, prevenir y mitigar los impactos negativos reales y potenciales descritos en los párrafos 12 y 13, y rendir cuentas acerca de cómo

se abordan estos impactos. La naturaleza y el alcance de la debida diligencia dependen de las circunstancias de la situación en particular.

12. Evitar causar o contribuir a causar impactos negativos en los ámbitos cubiertos por las *Líneas Directrices*, a través de sus propias actividades, y abordar dichos impactos cuando ocurran, incluso proporcionando o cooperando en la reparación de estos.
13. Buscar prevenir o mitigar un impacto negativo, aunque no hayan contribuido a causarlo, cuando, no obstante, el impacto esté directamente vinculado a sus operaciones, productos o servicios en virtud de una relación comercial. Ello no pretende trasladar la responsabilidad de la entidad que causa un impacto negativo a la empresa con la que tiene una relación comercial.
14. Además de abordar los impactos negativos en relación con los ámbitos cubiertos por las *Líneas Directrices*, incentivar, cuando sea factible, a las entidades con las que una empresa tiene una relación comercial, a aplicar principios de conducta empresarial responsable compatibles con las *Líneas Directrices*.
15. Involucrarse de manera significativa con las partes interesadas relevantes o sus representantes legítimos como parte de la implementación de la debida diligencia, y brindarles la oportunidad de que sus puntos de vista se tengan en consideración, con respecto a las actividades que pueden afectarlos de manera significativa, en relación con los ámbitos cubiertos por las *Líneas Directrices*.
16. Abstenerse de toda participación indebida en actividades políticas.

B. Se alienta a las empresas a:

1. Involucrarse o apoyar, cuando corresponda, iniciativas privadas o multiactor y el diálogo social sobre conducta empresarial responsable, asegurando, al mismo tiempo, que estas iniciativas tengan debidamente en cuenta sus efectos sociales y económicos en las economías en desarrollo y respeten los estándares existentes reconocidos internacionalmente.

Comentario al Capítulo II: Principios generales

1. El capítulo de *Principios generales* de las *Líneas Directrices* es el primero en contener recomendaciones específicas para las empresas. Como tal, es relevante para sentar la pauta y establecer principios fundamentales comunes para las recomendaciones específicas de los capítulos posteriores.

2. Se alienta a las empresas a cooperar con los gobiernos en el desarrollo y la implementación de políticas públicas y leyes. El proceso puede verse enriquecido al considerar los puntos de vista de otras partes interesadas en la sociedad, lo que incluye la comunidad local y aquellos afectados o potencialmente afectados negativamente por sus actividades, así como los intereses comerciales. También se reconoce que los gobiernos deberían ser transparentes en sus tratos con las empresas y consultar con ellas sobre estos mismos temas. Las empresas, los actores sociales y otras partes interesadas, como las organizaciones de la sociedad civil y los sindicatos, deberían ser vistos como socios del gobierno en el desarrollo y uso de enfoques tanto voluntarios como regulatorios (de los cuales las *Líneas Directrices* son un elemento) para las políticas que los afectan.

3. No debería haber ninguna contradicción entre la actividad de las empresas multinacionales y el desarrollo sostenible, y es precisamente la complementariedad lo que las *Líneas Directrices* buscan fomentar. De hecho, los vínculos entre el progreso económico, social y ambiental son un medio clave para promover el objetivo del desarrollo sostenible[4].

[4] Una de las definiciones de desarrollo sostenible más ampliamente aceptadas por la Comisión Mundial sobre Medio Ambiente y Desarrollo de 1987 (la Comisión Brundtland) es: "Desarrollo que satisface las necesidades del presente sin comprometer la capacidad de las generaciones futuras para satisfacer sus propias necesidades". Los objetivos

4. El capítulo IV desarrolla en mayor detalle las recomendaciones generales de derechos humanos contenidas en el párrafo A.2.

5. Las *Líneas Directrices* también reconocen y fomentan la contribución que las empresas multinacionales pueden hacer al desarrollo de capacidades locales, como resultado de sus actividades en las comunidades locales. De manera similar, la recomendación sobre formación de capital humano es un reconocimiento explícito y prospectivo de la contribución al desarrollo humano individual que las empresas multinacionales pueden ofrecer a sus empleados, y abarca no solo las prácticas de contratación, sino también la capacitación y otros aspectos del desarrollo de los empleados. La formación de capital humano también incorpora la noción de no discriminación en las prácticas de contratación, así como en las prácticas de promoción, aprendizaje permanente y otras capacitaciones en el trabajo.

6. Las empresas participan libremente en el discurso público. Al participar en actividades de abogacía, las empresas deberían tener debidamente en cuenta la *Recomendación de la OCDE sobre principios para la transparencia y la integridad en el cabildeo* [OCDE/LEGAL/0379] y asegurarse de que sus actividades de cabildeo sean coherentes con sus compromisos y objetivos en los ámbitos cubiertos por las *Líneas Directrices*. Los gobiernos son los responsables de establecer un marco de integridad pública adaptado a los riesgos relacionados con el cabildeo de los funcionarios públicos. Las *Líneas Directrices* recomiendan que, en general, las empresas eviten realizar esfuerzos para obtener excepciones no contempladas en el marco legal o regulatorio relacionado con los derechos humanos, el medio ambiente, la salud, la seguridad, el trabajo, y los incentivos tributarios y financieros, entre otros, pero sin perjuicio del derecho que tienen de buscar cambios en el marco legal o regulatorio. La expresión “o aceptar” también resalta el papel del Estado al ofrecer estas excepciones. Si bien este tipo de disposición se ha dirigido tradicionalmente a los gobiernos, también es de relevancia directa para las empresas multinacionales. Sin embargo, es importante señalar que existen casos en los que excepciones específicas de las leyes u otras políticas pueden ser consistentes con estas leyes por razones legítimas de política pública. Los capítulos sobre medio ambiente y competencia ofrecen ejemplos.

7. Las *Líneas Directrices* recomiendan que las empresas apliquen buenas prácticas de gobierno corporativo basadas en los *Principios de gobierno corporativo de la OCDE y del G20* [OECD/LEGAL/0413]. Los Principios llaman a la protección y facilitación del ejercicio de los derechos de los accionistas, incluido su trato equitativo. Las empresas deberían respetar los derechos de las partes interesadas establecidos por ley o mediante acuerdos mutuos y fomentar la cooperación activa con las partes interesadas en la creación de riqueza, puestos de trabajo y empresas sostenibles y resilientes.

8. Los Principios de gobierno corporativo hacen un llamado al consejo de administración de la entidad matriz para garantizar la orientación estratégica de la empresa, el control efectivo de la gestión y la rendición de cuentas ante la empresa y los accionistas, teniendo en cuenta los intereses de las partes interesadas. Al asumir estas responsabilidades, el consejo de administración necesita garantizar la integridad de los sistemas de información contable y financiera de la empresa, incluyendo auditorías independientes, sistemas de control apropiados, en particular, para la gestión de riesgos y el control financiero y operativo, y el cumplimiento de la ley y las normas pertinentes.

9. Los Principios de gobierno corporativo se extienden a las empresas que cotizan en bolsa dentro de los grupos empresariales, aunque los consejos de administración de empresas subsidiarias pueden tener obligaciones en virtud de la ley de la jurisdicción de su lugar de constitución. Los sistemas de cumplimiento y control deberían extenderse en lo posible a estas subsidiarias. Además, el seguimiento por parte del consejo de administración de los asuntos de gobierno corporativo incluye una revisión

globales de erradicar la pobreza mundial, proteger el planeta y garantizar que todas las personas disfruten de paz y prosperidad son un importante punto de referencia en este sentido.

continua de las estructuras internas para garantizar líneas claras de responsabilidad de la gestión en todo el grupo.

10. Las empresas multinacionales de propiedad estatal están sujetas a las mismas recomendaciones que las empresas de propiedad privada, pero el escrutinio público es a menudo mayor cuando un Estado es el propietario final. Las *Directrices de la OCDE sobre el gobierno corporativo de empresas públicas* son una guía útil y específicamente diseñada para estas empresas y las recomendaciones que ofrecen podrían mejorar significativamente la gobernanza.

11. Si bien la responsabilidad principal de mejorar el marco regulatorio legal e institucional recae sobre los gobiernos, existe una sólida justificación comercial para que las empresas implementen un buen gobierno corporativo.

12. Existe una red cada vez mayor de instrumentos y acciones de autorregulación no gubernamentales que abordan aspectos del comportamiento empresarial y las relaciones entre las empresas y la sociedad. En el sector financiero se están realizando interesantes avances en este sentido. Las empresas reconocen que sus actividades a menudo tienen consecuencias sociales y ambientales. La implementación de prácticas de autorregulación y sistemas de gestión y la participación en iniciativas multiactor por parte de empresas sensibles a alcanzar estos objetivos (contribuyendo así al desarrollo sostenible), es una ilustración de esto. Las prácticas de autorregulación y las iniciativas multiactor deberían ser creíbles y transparentes. Cuando tales iniciativas se centran en la debida diligencia para la conducta empresarial responsable, su alineación con los estándares internacionales relevantes, como las *Líneas Directrices*, puede fomentar una mayor eficacia al tiempo que reduce la complejidad y el costo para las empresas involucradas en tales iniciativas. A su vez, el desarrollo de tales prácticas puede fomentar las relaciones constructivas entre las empresas y las sociedades en las que operan. Si bien las empresas pueden colaborar a nivel sectorial o multi actor, siguen siendo individualmente responsables de garantizar que su debida diligencia se lleve a cabo de manera efectiva.

13. Junto con las prácticas de autorregulación efectivas por parte de las empresas, también se espera que sensibilicen a sus empleados sobre las políticas de la empresa. También se recomiendan salvaguardias para proteger las actividades de buena fe de los denunciantes, incluida la protección de los empleados que, en ausencia de una acción de reparación oportuna o ante un riesgo razonable de consecuencias negativas para su empleo, informen ante las autoridades gubernamentales competentes sobre prácticas que contravienen la ley. Si bien es de particular relevancia para los controles internos, como los relativos a los programas de ética y cumplimiento relacionados con la anticorrupción, discutidos en el capítulo VII, y las iniciativas ambientales, dicha protección también es relevante para otras recomendaciones de las *Líneas Directrices*.

14. Las empresas deberían tomar medidas para crear un espacio donde se puedan expresar de manera segura las preocupaciones sobre los impactos negativos relacionados con sus actividades o con las actividades de las entidades con las que tienen una relación comercial. Abstenerse y tomar medidas para prevenir el uso de represalias es importante para proteger el espacio cívico y para prevenir daños a grupos e individuos que buscan investigar, expresar o informar sobre tales preocupaciones. Ello incluye acciones de represalia o de discriminación destinadas a censurar, intimidar, dañar o silenciar críticas tales como amenazas, difamación de la reputación, calumnias, hostigamiento, intimidación, vigilancia, demandas estratégicas contra la participación pública, intentos de criminalizar actividades lícitas, ataques físicos y asesinatos.

15. A los efectos de las *Líneas Directrices*, la debida diligencia es entendida como el proceso a través del cual las empresas pueden identificar, prevenir, mitigar y rendir cuentas por sus impactos negativos reales y potenciales como parte integral de la toma de decisiones comerciales y los sistemas de gestión de riesgos. La Guía de la OCDE de debida diligencia para una conducta empresarial responsable y las guías sectoriales de la OCDE de debida diligencia ayudan a las empresas a comprender e implementar las recomendaciones de debida diligencia de las *Líneas Directrices*. También buscan promover un

entendimiento común entre los gobiernos y las partes interesadas sobre la debida diligencia basada en el riesgo para una conducta empresarial responsable. Con ese fin, la Guía de la OCDE de debida diligencia para una conducta empresarial responsable establece un marco de debida diligencia que los gobiernos se han comprometido a apoyar y monitorear activamente. La Guía establece las siguientes medidas: 1. Incorporar la conducta empresarial responsable en las políticas y los sistemas de gestión; 2. identificar y evaluar los impactos negativos reales y potenciales asociados con las operaciones, productos o servicios de la empresa; 3. Detener, prevenir y mitigar los impactos negativos; 4. Realizar un seguimiento de la implementación y los resultados; 5. Informar cómo se abordan los impactos; y 6. Proveer o cooperar en la reparación, cuando sea apropiado. También sugiere acciones prácticas para implementar estas medidas. No todas las acciones prácticas mencionadas en la Guía de la OCDE de debida diligencia para una conducta empresarial responsable serán apropiadas para todas las situaciones.

16. La debida diligencia puede incluirse dentro de sistemas de gestión de riesgos empresariales más amplios, siempre que se vaya más allá de la simple identificación y gestión de riesgos materiales para la propia empresa, para incluir los riesgos de impactos negativos relacionados con los ámbitos cubiertos por las *Líneas Directrices*. Los impactos potenciales deberían abordarse mediante la prevención o la mitigación, mientras que los impactos reales deberían abordarse mediante la reparación. Las *Líneas Directrices* se refieren a los impactos negativos que la empresa causa o a los que contribuye a causar, o que están directamente relacionados con sus operaciones, productos o servicios en virtud de una relación comercial, como se describe en los párrafos A.12 y A.13. La debida diligencia puede ayudar a las empresas a evitar el riesgo de tales impactos negativos. A los efectos de esta recomendación, "contribuir a" un impacto negativo debería interpretarse como una contribución sustancial, es decir, una actividad que causa facilita o incentiva a otra entidad a causar un impacto negativo y no incluye contribuciones menores o triviales. La relación de una empresa con el impacto negativo no es estática. Puede cambiar, por ejemplo, a medida que evolucionen las situaciones y según el grado en que la debida diligencia y los pasos que se tomen para abordar los riesgos e impactos identificados disminuyan el riesgo de que los impactos ocurran.

17. El término "relación comercial" incluye las relaciones con socios comerciales, subcontratistas, franquicias, empresas en las que se invierte, clientes y socios de empresas conjuntas, entidades en la cadena de suministro que suministran productos o servicios que contribuyen a las operaciones, productos o servicios propios de la empresa o que reciban, licencien, compren o utilicen productos o servicios de la empresa, y cualesquiera otras entidades no estatales o estatales directamente vinculadas a sus operaciones, productos o servicios. Las relaciones con consumidores individuales, que son personas físicas que actúan con fines que no están relacionados con una actividad empresarial, comercial o gubernamental, generalmente no se consideran "relaciones comerciales" de conformidad con las *Líneas Directrices*, aunque una empresa puede contribuir a los impactos negativos causados por ellos. Entre las relaciones comerciales se incluyen aquellas que van más allá de las relaciones contractuales, de "primer nivel" o inmediatas. Las entidades con las que una empresa tiene una relación comercial pueden o no estar operando en o desde el territorio de un Adherente. La capacidad de una empresa para identificar, prevenir y mitigar los impactos negativos reales y potenciales, tal como se describe en el párrafo A.11, puede variar según los diferentes tipos de relaciones comerciales y en función de otros factores, incluidos los descritos en el párrafo 24 de los Comentarios.

18. La recomendación en el párrafo A.11 se aplica a aquellos ámbitos cubiertos por las *Líneas Directrices* que están relacionados con impactos negativos asociados con las operaciones, productos y servicios de una empresa. La recomendación en el párrafo A.11 no se aplica a los capítulos sobre Competencia y Cuestiones tributarias. A lo largo de las *Líneas Directrices* las recomendaciones relacionadas con la debida diligencia deberían leerse de acuerdo con los párrafos A. 11-13 y sus comentarios relacionados.

19. La naturaleza y el alcance de la debida diligencia (como los pasos específicos a tomar) adaptados a una situación particular, se verán afectados por factores como el contexto de las operaciones de una

empresa, las recomendaciones específicas de las *Líneas Directrices*, y deberían ser proporcionales al tamaño de la empresa, su participación en un impacto negativo y su gravedad. A este respecto, las medidas que tome una empresa para llevar a cabo la debida diligencia deberían basarse en el riesgo, ser proporcionales a la gravedad y probabilidad del impacto negativo y ser apropiadas y proporcionales a su contexto. Cuando no sea factible abordar todos los impactos identificados a la vez, una empresa debería priorizar el orden en que adopta las medidas en función de la gravedad y la probabilidad del impacto negativo.

20. Las *Líneas Directrices* reconocen que puede no ser factible para la mayoría de las empresas evaluar o involucrarse con todas las entidades individuales con las que tienen una relación comercial. Cuando las empresas tengan un gran número de proveedores y otras relaciones comerciales, se les alienta a identificar áreas generales donde el riesgo de impacto negativo sea más significativo y, con base en esta evaluación de riesgos, priorizar estas áreas para la debida diligencia, de acuerdo con las medidas descritas en el párrafo 19 del Comentario. La debida diligencia basada en el riesgo asociada a los productos o servicios de una empresa debería tener en cuenta las circunstancias conocidas o razonablemente previsibles relacionadas con el uso del producto o servicio de acuerdo con su propósito previsto, o en condiciones de uso indebido o mal uso razonablemente previsible, susceptibles de generar impactos negativos. Las recomendaciones específicas para la debida diligencia relacionadas con temas específicos se proporcionan en los capítulos correspondientes.

21. Cuando una empresa cause o pueda causar un impacto negativo, debería adoptar las medidas necesarias para detener o prevenir dicho impacto.

22. Cuando una empresa contribuye o es susceptible de contribuir a causar un impacto negativo, debería tomar las medidas necesarias para detener o prevenir su contribución y utilizar su influencia para mitigar los impactos residuales en la mayor medida posible. Se considera que existe influencia cuando la empresa tiene la capacidad de modificar las prácticas ilícitas de la entidad que causa el daño.

23. Las *Líneas Directrices* reconocen que la responsabilidad no debería transferirse de una entidad que causa el impacto negativo a la empresa con la que tiene una relación comercial. A este respecto, cuando una empresa está directamente relacionada con un impacto negativo a través de una relación comercial, pero no lo causa ni contribuye a él, no es responsable de proporcionar reparación, aunque puede desempeñar un papel en hacerlo, sino más bien de utilizar la influencia solo o en cooperación con otras entidades, para influir en la entidad que causa el impacto negativo para prevenir, mitigar o reparar ese impacto. Cuando una empresa no tiene suficiente influencia, debería buscar desarrollarla. Las empresas pueden usar o aumentar su influencia de varias maneras para incidir en las entidades con las que tienen relaciones comerciales, por ejemplo, mediante apoyo, formación y capacitación; involucramiento para alentar a la prevención y/o mitigación de impactos; generar expectativas en torno a la conducta empresarial responsable y la debida diligencia específicamente en contratos comerciales, como contratos de gestión, requisitos de precalificación para potenciales proveedores, fideicomisos de votación y acuerdos de licencia o franquicia; vincular los incentivos empresariales con el desempeño en materia de conducta empresarial responsable; comprometerse con los reguladores y formuladores de políticas sobre cuestiones de conducta empresarial responsable; informar sobre la posibilidad de una desvinculación responsable si no se respetan las expectativas en torno a una conducta empresarial responsable, colaborar con otras empresas (a nivel sectorial, de riesgo o de país) para aunar la capacidad de influencia e implementar estándares comunes de conducta empresarial responsable. Otros factores relevantes para determinar la respuesta apropiada a los riesgos identificados incluyen la severidad y probabilidad de impactos negativos y cuán crucial es ese proveedor para la empresa.

24. Las *Líneas Directrices* reconocen que existen limitaciones prácticas sobre el grado de influencia que las empresas tienen o pueden desarrollar para promover cambios en el comportamiento de las entidades con las que tienen relaciones comerciales. Estos están relacionados con las características del producto y/o servicio, el número de proveedores y otras relaciones comerciales, la estructura y

complejidad de la cadena de suministro, o la naturaleza de una relación comercial o impacto negativo en cuestión. Por ejemplo, en algunas situaciones, una vez que se presta un servicio o se vende o revende un producto, las empresas pueden tener una capacidad reducida para monitorear sus impactos o ejercer o aumentar su influencia. En tales situaciones, realizar esfuerzos para identificar los impactos reales y potenciales y tomar acciones preventivas o de mitigación puede ser particularmente importante antes del momento de la venta y una vez en el punto de venta.

25. Desde el punto de vista de la relación comercial, las respuestas adecuadas pueden tomar diferentes formas: la continuación de la relación durante el periodo en que se realizan esfuerzos de mitigación de riesgos; la suspensión temporal de la relación mientras se continúan los esfuerzos de mitigación del riesgo en curso; o, como último recurso, la desvinculación de la relación comercial ya sea después de intentos fallidos de mitigación, o cuando la empresa considere que la mitigación no es factible, o en función de la gravedad del impacto negativo. Cuando sea posible que las empresas continúen la relación y demuestren una perspectiva realista de o una mejora real a lo largo del tiempo, este enfoque será a menudo preferible a la desvinculación. La empresa también debería tener en cuenta los posibles impactos sociales, ambientales y económicos negativos relacionados con la decisión de desvincularse. Cuando así lo decidan, las empresas deberían hacerlo de manera responsable, lo que incluye buscar realizar consultas significativas con las partes interesadas pertinentes de manera oportuna y, cuando sea posible, tomar medidas razonables y apropiadas para prevenir o mitigar los impactos negativos relacionados con su desvinculación.

26. Las empresas también pueden involucrarse con los proveedores y otras entidades con las que mantienen relaciones comerciales para mejorar su rendimiento, en cooperación con otras partes interesadas, incluso mediante la formación del personal y otras formas de desarrollo de capacidades, y apoyar la integración de principios de conducta empresarial responsable compatibles con las *Líneas Directrices* en sus prácticas empresariales. A este respecto, es especialmente importante involucrarse y apoyar a las pequeñas y medianas empresas con las que mantienen relaciones comerciales. Cuando las entidades con las que una empresa mantiene relaciones comerciales estén potencialmente expuestas a obligaciones contradictorias, impuestas, por ejemplo, por diferentes compradores o proveedores de servicios, se alienta a las empresas, teniendo debidamente en cuenta las preocupaciones anticompetitivas, a participar en esfuerzos de colaboración sectoriales con otras empresas para coordinar las políticas de debida diligencia y las estrategias de gestión de riesgos, incluso mediante el intercambio de información.

27. También se alienta a las empresas a participar en iniciativas privadas o multiactor y en el diálogo social sobre conducta empresarial responsable, como los emprendidos de conformidad con la Decisión del Consejo sobre las *Líneas Directrices de la OCDE para Empresas Multinacionales sobre Conducta Empresarial Responsable,* incluidos sus Procedimientos que figuran como anexo.

28. El involucramiento significativo de las partes interesadas es un componente clave del proceso de debida diligencia. En algunos casos, el involucramiento de las partes interesadas también puede ser un derecho en sí mismo. Como tal, implica procesos interactivos de involucramiento con las partes interesadas pertinentes, a través de, por ejemplo, reuniones, audiencias o procedimientos de consulta. Las partes interesadas pertinentes son personas o grupos, o sus representantes legítimos, que tienen derechos o intereses relacionados con los ámbitos cubiertos por las *Líneas Directrices* que se ven o podrían verse afectados por impactos negativos asociados a las operaciones, productos o servicios de la empresa. Las empresas pueden dar prioridad al involucramiento con las partes interesadas más gravemente afectadas o potencialmente afectadas. El grado de impacto sobre las partes interesadas puede determinar el grado de involucramiento. El involucramiento significativo de las partes interesadas se refiere a una participación continua que es bidireccional, llevada a cabo de buena fe por los participantes de ambas partes y que responde a las opiniones de las partes interesadas. Para garantizar que la participación de las partes interesadas sea significativa y eficaz, es importante asegurar que sea oportuna, accesible, adecuada y segura, e identificar y eliminar los posibles obstáculos a la participación

de las partes interesadas en situación de vulnerabilidad o marginación. La Guía de la OCDE de debida diligencia para una conducta empresarial responsable y las guías de la OCDE sectoriales incluyen apoyo práctico para que las empresas lleven a cabo procesos de participación, incluso como parte de la debida diligencia de la empresa. Este involucramiento es especialmente importante en la planificación y toma de decisiones relativas a proyectos u otras actividades que impliquen, por ejemplo, el uso intensivo de la tierra o el agua, que podrían afectar significativamente a las comunidades locales.

29. Finalmente, es importante señalar que la autorregulación y otras iniciativas similares, incluidas las *Líneas Directrices*, no deberían restringir ilegalmente la competencia ni deberían considerarse un sustituto de leyes y regulaciones efectivas por parte de los gobiernos. Se entiende que las empresas multinacionales deberían evitar los posibles efectos distorsivos en el comercio y las inversiones que puedan resultar de los códigos y prácticas de autorregulación que desarrollen.

III. Divulgación de información

1. Las empresas deberían tener en cuenta las políticas de divulgación de información establecidas en los países y sectores en los que operan, y considerar los puntos de vista y los requisitos de información de los accionistas y otras partes interesadas relevantes. Las empresas deberían divulgar información de forma regular, oportuna, confiable, clara, completa, precisa y comparable, con suficiente detalle sobre todas las cuestiones importantes. Esta información debería divulgarse para toda la empresa y, cuando corresponda, a lo largo de las líneas de negocio o áreas geográficas. Las políticas de divulgación de información de las empresas deberían adaptarse a la naturaleza, el tamaño y la ubicación de la empresa, teniendo debidamente en cuenta los costos, la confidencialidad comercial y otras consideraciones relativas a la competencia.

2. Las políticas de divulgación de información de las empresas deberían incluir (pero no limitarse) información relevante sobre:

a) los resultados financieros y operativos de la empresa;

b) objetivos empresariales e información relacionada con la sostenibilidad;

c) estructuras de capital, estructuras de grupo y sus acuerdos de control;

d) propiedad mayoritaria de las acciones, incluidos los beneficiarios reales, y los derechos de voto;

e) información sobre la composición del consejo de administración y sus miembros, incluidas sus calificaciones, el proceso de selección, otros cargos directivos en empresas y si cada miembro del consejo es considerado independiente por el consejo de administración;

f) remuneración de los miembros del consejo de administración y ejecutivos principales;

g) transacciones con partes relacionadas;

h) factores de riesgo previsibles;

i) estructuras y políticas de gobierno, incluido el grado de cumplimiento de los códigos o políticas nacionales de gobierno corporativo y el proceso mediante el cual se implementan;

j) contratos de deuda, incluido el riesgo de incumplimiento de los convenios.

3. También es importante que las empresas informen en materia de conducta empresarial responsable como parte de su responsabilidad de implementar la debida diligencia. Parte de esta información también puede ser relevante de conformidad con el párrafo 2. La información sobre conducta empresarial responsable puede incluir:

a) declaraciones de principios o de normas de conducta destinadas a la divulgación pública de información, incluidas las políticas en los ámbitos de la conducta empresarial responsable, que articulen los compromisos de la empresa con los principios y normas contenidos en las *Líneas Directrices*, así como sus planes para implementar la debida diligencia;

b) las políticas y otros códigos de conducta suscritos por la empresa, su fecha de adopción y los países y entidades a los que se aplican dichas declaraciones;

c) información sobre las medidas adoptadas para integrar la conducta empresarial responsable en los órganos de gestión y supervisión de la empresa;

d) las áreas de riesgo o de impacto significativo identificadas por la empresa, los impactos o riesgos negativos significativos identificados, priorizados y evaluados, así como los criterios de priorización;

e) su desempeño en relación con las declaraciones del párrafo 3(a) y los códigos del párrafo (b), incluidas las acciones tomadas para prevenir o mitigar los riesgos o impactos identificados en los párrafos 3(c) y (d), incluyendo, cuando sea posible, los plazos y puntos de referencia estimados para el mejoramiento y sus resultados, incluyendo las previsiones adoptadas por la empresa para reparar o colaborar en la reparación;

f) información sobre sistemas de auditoría interna, gestión de riesgos y aplicación de la ley;

g) información sobre las relaciones con los trabajadores y otras partes interesadas;

h) información adicional en línea con las recomendaciones de divulgación de información en materia de conducta empresarial responsable proporcionada en los capítulos IV y VI.

4. Las empresas deberían preparar y divulgar información de acuerdo con las normas de divulgación y contabilidad reconocidas internacionalmente, y abstenerse de publicar información insuficiente o poco clara. Una auditoría externa anual debería ser realizada por un auditor independiente, competente y cualificado de acuerdo con las normas de auditoría, ética e independencia reconocidas internacionalmente a fin de proporcionar seguridad razonable al consejo de administración y a los accionistas de que los estados financieros se preparan, en todos los aspectos relevantes, de acuerdo con el marco aplicable de información financiera. Con el fin de mejorar la credibilidad de la información sobre conducta empresarial responsable las empresas pueden solicitar una certificación externa de dicha información.

Comentario al Capítulo III: Divulgación de información

30. Este capítulo tiene como objetivo facilitar la transparencia y la rendición de cuentas en torno a las operaciones de las empresas multinacionales. La información clara y completa sobre las empresas es importante para una variedad de usuarios que van desde accionistas, potenciales inversionistas y la comunidad financiera, hasta otros grupos como trabajadores, comunidades locales, grupos de interés, gobiernos y la sociedad en general. Para mejorar la comprensión de la estructura y las actividades de las empresas, sus políticas corporativas y su desempeño en materia ambiental, social y de gobernanza, las empresas deberían ser transparentes en sus operaciones y receptivas a las demandas de información de un público cada vez más exigente.

31. La primera serie de recomendaciones de divulgación de información es idéntica a los elementos de divulgación descritos en los *Principios de gobierno corporativo de la OCDE y del G20* *[OECD/LEGAL/0413]*. Las anotaciones correspondientes proporcionan orientaciones adicionales, y las recomendaciones de las *Líneas Directrices* deberían interpretarse en relación con ellas. La primera serie de recomendaciones sobre divulgación de información se centra principalmente en las empresas que cotizan en bolsa y en todos los asuntos relevantes relativos a la empresa. La información relevante puede definirse como aquella cuya omisión o inexactitud puede razonablemente influir en la evaluación del valor de una empresa por parte de un inversor. Esto incluiría normalmente el valor, el calendario y la certeza de los futuros flujos de caja de una empresa. La información relevante también se puede definir como aquella que un inversionista razonable consideraría importante para tomar una decisión de inversión o de votación. En la medida en que se consideren aplicables en función de la naturaleza, el tamaño y la ubicación de las empresas, estas recomendaciones de divulgación de información también pueden ser una herramienta útil para mejorar el gobierno corporativo en las empresas que no cotizan en bolsa; por

ejemplo, empresas privadas o estatales. Esta serie de recomendaciones de divulgación requiere de información regular, oportuna, confiable, clara, completa, precisa y comparable, con suficiente detalle sobre todos los asuntos relevantes relacionados con la empresa, incluyendo la situación financiera, el desempeño, la sostenibilidad, la propiedad y el gobierno corporativo de la empresa. La información sobre la remuneración del consejo de administración y de los ejecutivos también interesa a los accionistas, incluida la relación entre la remuneración y los resultados a largo plazo, la sostenibilidad y la resiliencia de la empresa. También se espera que las empresas divulguen oportunamente información sobre las políticas de remuneración aplicadas a los miembros del consejo de administración y a los ejecutivos principales, incluyendo cualquier cambio importante a las mismas, así como sobre los niveles o importes de remuneración sobre una base estandarizada y comparable, de modo que los inversores puedan evaluar los costes y beneficios de los planes de remuneración y la contribución de los sistemas de incentivos (tal como los planes de opciones sobre acciones) a los resultados. Las operaciones relevantes con las partes vinculadas y los factores de riesgo previsibles constituyen otras informaciones adicionales relevantes que deberían ser divulgadas.

32. Las *Líneas Directrices* incluyen una segunda serie de recomendaciones de divulgación de información sobre conducta empresarial responsable, incluidos los impactos negativos reales o potenciales de la empresa en las personas, el medio ambiente y la sociedad, y los procesos de debida diligencia, que pueden ser importantes para la toma de decisiones de un inversor y que también pueden ser relevantes para un conjunto más amplio de partes interesadas (los trabajadores, los representantes de los trabajadores, las comunidades locales y la sociedad civil, entre otros). En el contexto de la divulgación de información, los procesos de debida diligencia, tal como se describe en el párrafo 3, pueden ser un medio útil por el cual las empresas pueden asegurarse de estar identificando y comunicando información relevante sobre conducta empresarial responsable de manera consistente y creíble, incluida aquella información que puede ser relevante. De este modo, la debida diligencia puede ayudar a las empresas a identificar los riesgos e impactos materiales y a mejorar la pertinencia, calidad y comparabilidad de la información divulgada con arreglo a los apartados 2 y 3. Además, los procesos de debida diligencia pueden ser un medio para garantizar la credibilidad de la información con respecto a las metas y compromisos de la empresa para los que pueden no existir objetivos claramente identificables o mensurables. Varias jurisdicciones permiten o requieren considerar los intereses de las partes interesadas y muchas empresas brindan información sobre un conjunto más amplio de temas que el referido al desempeño financiero, a través de los que pueden demostrar su compromiso con las prácticas empresariales responsables y sus resultados en general. Este segundo tipo de divulgación de información (o de comunicación con el público y con otras partes directamente afectadas por las actividades o relaciones comerciales de la empresa) puede referirse a entidades que van más allá de las incluidas en la contabilidad financiera de la empresa. Por ejemplo, también puede abarcar información sobre las actividades de subcontratistas, proveedores, socios de empresas conjuntas u otras personas con las que la empresa tenga una relación comercial.

33. Los dos tipos de información a revelar en el párrafo 2 y el párrafo 3 están interrelacionados y alguna información puede ser relevante para ambos. Para determinar qué información debería divulgarse en virtud del párrafo 2, las *Líneas Directrices* utilizan el concepto de relevancia. La información contemplada en el párrafo 2, incluida la relacionada con cuestiones de conducta empresarial responsable y debida diligencia, también puede considerarse relevante si se pudiera razonablemente esperar que la omisión o inexactitud de esta información pudiera influir en la evaluación por parte de un inversor del valor de una empresa, el calendario y la certeza de los futuros flujos de caja de una empresa, o las decisiones de inversión o voto de un inversor. La determinación de qué información es relevante puede variar con el tiempo y según el contexto local, las circunstancias específicas de la empresa y los requisitos jurisdiccionales. Los usuarios de la información financiera y los operadores de mercado necesitan información sobre los riesgos importantes razonablemente previsibles, entre los que se pueden incluir: los riesgos específicos del sector o de las zonas geográficas en las que opera la empresa; la dependencia de las materias primas y las cadenas de suministro; los riesgos de los mercados financieros, incluidos los

riesgos de tipos de interés o de divisas; los riesgos relacionados con los derivados y las operaciones fuera de balance; los riesgos de conducta empresarial; los riesgos de seguridad digital; los riesgos de aplicación de la ley; y los riesgos de sostenibilidad, en particular los relacionados con el clima. Algunas jurisdicciones también pueden exigir o recomendar la divulgación de información sobre asuntos de sostenibilidad críticos para el personal de una empresa y las principales partes interesadas, o la influencia de una empresa en riesgos no diversificables.

34. En relación con la información divulgada en virtud del párrafo 3, los riesgos e impactos que pueden no parecer relevantes desde el punto de vista financiero pero que son importantes para las personas y el planeta pueden resultar relevantes desde el punto de vista financiero para una empresa en función de las circunstancias.

35. Las recomendaciones sobre divulgación de información contenidas en este capítulo y a lo largo de las *Líneas Directrices* no deberían suponer una carga administrativa o económica excesiva para las empresas. Tampoco debería esperarse que las empresas divulguen información que pueda poner en peligro su posición competitiva, a menos que la divulgación sea necesaria para fundamentar plenamente las decisiones de un inversor y para evitar inducir a error a los inversores.

36. La información debería prepararse y divulgarse de conformidad con las normas de divulgación y contabilidad reconocidas internacionalmente. Una auditoría externa anual debería ser realizada por un auditor independiente, competente y calificado, de conformidad con las normas de auditoría, éticas y de independencia reconocidas internacionalmente, a fin de proporcionar una seguridad razonable sobre si los estados financieros están preparados en todos los aspectos materiales de conformidad con un marco aplicable de información financiera.

37. Muchas empresas han adoptado medidas destinadas a ayudarles a cumplir la ley y los estándares de conducta empresarial, y a aumentar la transparencia de sus operaciones. Un número creciente de empresas ha publicado códigos voluntarios de conducta empresarial, que son expresiones de compromisos con estándares internacionales o valores éticos en ámbitos como el medio ambiente, incluido el cambio climático, la biodiversidad, los derechos humanos, las normas laborales, la protección del consumidor o las cuestiones tributarias. Se han desarrollado o se están desarrollando y siguen evolucionando sistemas de gestión especializados con el objetivo de ayudar a las empresas a respetar estos compromisos (éstos incluyen sistemas de información, procedimientos operativos y requisitos de formación).

38. Las empresas pueden verse obligadas a informar con arreglo a normas de divulgación de información más amplias establecidas por las autoridades reguladoras o de cotización. Por otro lado, cuando exista coherencia con los requisitos legales y de divulgación de información de una jurisdicción, las empresas deberían tratar de adoptar y alinearse con las buenas prácticas emergentes a escala mundial y las normas de divulgación de información en evolución, por ejemplo, en materia climática y de emisiones. Las empresas están cooperando con organizaciones no gubernamentales y organizaciones intergubernamentales en el desarrollo de normas de reporte que mejoren la capacidad de las empresas para comunicar cómo influyen sus actividades en los resultados del desarrollo sostenible.

39. Se alienta a las empresas a comunicar de forma proactiva la información relevante sobre conducta empresarial responsable, a proporcionar información fácilmente accesible, de fácil manejo, oportuna, precisa, clara y completa, a proporcionar un acceso con bajo costo a la información publicada y a considerar el uso de las tecnologías de la información para alcanzar este objetivo. La información que se pone a disposición de los usuarios en los mercados nacionales también debería estar disponible para todos los usuarios interesados teniendo en cuenta la accesibilidad. Las empresas deberían tratar de garantizar que la información se presente de forma adecuada para los diferentes públicos objetivos y pueden tomar medidas especiales para poner la información a disposición de las comunidades que no tienen acceso a los medios de comunicación en línea o impresos (por ejemplo, comunidades remotas o empobrecidas que se ven directamente afectadas por las actividades de la empresa).

40. La revisión de la información referida a la conducta empresarial responsable por parte de una entidad independiente, competente y cualificada, de conformidad con los estándares de garantía reconocidos internacionalmente, puede corroborar y aumentar la confianza en la información divulgada y contribuir a que los informes sean de mayor calidad y más comparables.

IV. Derechos humanos

Los Estados tienen el deber de proteger los derechos humanos. Dentro del marco de los derechos humanos reconocidos internacionalmente, de las obligaciones en materia de derechos humanos de los países en los cuales las empresas operan, así como de las leyes y regulaciones nacionales pertinentes, las empresas deberían:

1. Respetar los derechos humanos, lo que significa que deberían evitar vulnerar los derechos humanos de otros y abordar los impactos negativos sobre los derechos humanos en los que estén involucradas.
2. Evitar causar o contribuir a impactos negativos sobre los derechos humanos y abordar dichos impactos cuando ocurran, dentro del contexto de sus propias actividades.
3. Buscar formas de prevenir o mitigar los impactos negativos sobre los derechos humanos que están directamente relacionados con sus operaciones comerciales, productos o servicios en virtud de una relación comercial, incluso si no contribuyen a dichos impactos.
4. Elaborar y difundir públicamente una política que formule su compromiso de respeto de los derechos humanos.
5. Llevar a cabo la debida diligencia en materia de derechos humanos adaptada al tamaño, naturaleza y contexto de las operaciones y a la gravedad de los riesgos de los impactos negativos sobre los derechos humanos.
6. Proporcionar o cooperar a través de procesos legítimos en la reparación de los impactos negativos sobre los derechos humanos, cuando identifiquen que han causado o contribuido a causar esos impactos.

Comentario al Capítulo IV: Derechos humanos

41. Este capítulo comienza con una introducción que establece el marco para las recomendaciones específicas relativas al respeto de los derechos humanos por parte de las empresas. Se basa en el Marco de las Naciones Unidas para las empresas y los derechos humanos "Proteger, respetar y remediar" y está en consonancia con los *Principios rectores* sobre las empresas y los derechos humanos para su implementación, así como con la Declaración tripartita de principios sobre las empresas multinacionales y la política social de la OIT.

42. La introducción y el primer párrafo reconocen que los Estados tienen el deber de proteger los derechos humanos y que las empresas, independientemente de su tamaño, sector, contexto operativo, propiedad y estructura, deberían respetar los derechos humanos dondequiera que operen. El respeto de los derechos humanos es la norma de conducta esperada a nivel mundial por parte de las empresas, independientemente de la capacidad y/o voluntad de los Estados para cumplir con sus obligaciones en materia de derechos humanos, y no atenúa esas obligaciones.

43. El hecho de que un Estado no haga cumplir las leyes nacionales pertinentes o no implemente las obligaciones internacionales de derechos humanos o el hecho de que pueda actuar en contra de dichas leyes u obligaciones internacionales no menoscaba la expectativa de que las empresas respeten los

derechos humanos. En los países en los que las leyes y las regulaciones nacionales entren en conflicto con los derechos humanos reconocidos internacionalmente, las empresas deberían buscar formas de respetarlos, en la medida en que no las sitúe en violación de la legislación nacional, de conformidad con el párrafo 2 del capítulo sobre conceptos y principios.

44. En todos los casos e independientemente del país o contexto específico en el que se desarrollan las operaciones de las empresas, se debería hacer referencia como mínimo a los derechos humanos reconocidos internacionalmente expresados en la Carta internacional de derechos humanos, que comprende la Declaración universal de derechos humanos y los principales instrumentos a través de los cuales fue codificada: el Pacto internacional de derechos civiles y políticos y el Pacto internacional de derechos económicos, sociales y culturales, así como los principios relativos a los derechos fundamentales establecidos en la Declaración de la OIT relativa a los principios y derechos fundamentales en el trabajo.

45. Las empresas pueden tener un impacto en prácticamente todo el espectro de derechos humanos reconocidos internacionalmente. En la práctica, algunos derechos humanos pueden estar más expuestos a sufrir impactos negativos que otros en determinadas industrias o contextos y, por lo tanto, serán objeto de una mayor atención. Sin embargo, las situaciones pueden cambiar, por lo que todos los derechos deberían ser objeto de revisión periódica. Dependiendo de las circunstancias, las empresas pueden necesitar considerar estándares adicionales. Por ejemplo, las empresas deberían respetar los derechos humanos de las personas pertenecientes a grupos o poblaciones específicas que requieren una atención especial, cuando puedan existir impactos negativos sobre sus derechos humanos. Las empresas deberían prestar especial atención a cualquier impacto negativo concreto sobre las personas, por ejemplo, los defensores de los derechos humanos, que pueden estar en mayor riesgo debido a la marginación, la vulnerabilidad u otras circunstancias, individualmente o como miembros de ciertos grupos o poblaciones, incluidos los Pueblos Indígenas. Las guías de la OCDE sobre debida diligencia (como la Guía de la OCDE de debida diligencia para una conducta empresarial responsable, la Guía de la OCDE de debida diligencia para la participación significativa de las partes interesadas del sector extractivo y la Guía OCDE-FAO para las cadenas de suministro responsable en el sector agrícola) proporcionan más orientación práctica a este respecto, incluso en lo relativo al Consentimiento Libre, Previo e Informado (CLPI). Los instrumentos de las Naciones Unidas han desarrollado los derechos de los Pueblos Indígenas (Declaración de las Naciones Unidas sobre los derechos de los Pueblos Indígenas); de las personas pertenecientes a minorías nacionales o étnicas, religiosas y lingüísticas; las mujeres, los niños; las personas con discapacidad; y los trabajadores migrantes y sus familias. Además, en situaciones de conflicto armado, las empresas deberían respetar las normas del derecho internacional humanitario. En el contexto de un conflicto armado o de un mayor riesgo de abusos graves, las empresas deberían llevar a cabo la debida diligencia reforzada en relación con los impactos negativos, incluidas las violaciones del derecho internacional humanitario.

46. En el párrafo 1, abordar los impactos negativos reales y potenciales sobre los derechos humanos consiste en tomar las medidas adecuadas para identificar, prevenir, cuando sea posible, y mitigar los impactos potenciales sobre los derechos humanos, reparar los impactos reales y rendir cuentas sobre cómo se abordan los impactos negativos sobre los derechos humanos. El término "vulnerar" se refiere a los impactos negativos que una empresa puede tener sobre los derechos humanos de las personas.

47. El párrafo 2 recomienda que las empresas eviten causar impactos negativos sobre los derechos humanos o contribuir a ellos a través de sus propias actividades, y que aborden dichos impactos cuando estos ocurran. Las "actividades" pueden incluir tanto acciones como omisiones. Cuando una empresa cause o pueda causar un impacto negativo sobre los derechos humanos, debería tomar las medidas necesarias para detenerlo o prevenirlo. Cuando una empresa contribuye o puede contribuir a tal impacto, debería tomar las medidas necesarias para detener o evitar su contribución y utilizar su influencia para mitigar cualquier impacto residual en la mayor medida posible. Se considera que existe influencia cuando

la empresa tiene la capacidad de modificar las prácticas de una entidad que causan impactos negativos en los derechos humanos.

48. El párrafo 3 aborda situaciones más complejas en las que una empresa no ha contribuido a causar un impacto negativo sobre los derechos humanos, pero ese impacto está, sin embargo, directamente relacionado con sus operaciones, productos o servicios en virtud de su relación comercial con otra entidad. El párrafo 3 no tiene por objeto transferir la responsabilidad de la entidad que causa un impacto negativo sobre los derechos humanos a la empresa con la que tiene una relación comercial. Cumplir con la expectativa del párrafo 3 implicaría que una empresa, actuando sola o en cooperación con otras entidades, según corresponda, ejerza, y cuando sea necesario incremente, su influencia para persuadir a la entidad que causa el impacto negativo sobre los derechos humanos a prevenir o mitigar dicho impacto. Las "relaciones comerciales" incluyen las relaciones con socios comerciales, entidades en su cadena de suministro y cualquier otra entidad estatal o no estatal directamente vinculada a sus operaciones comerciales, productos o servicios. Entre los factores que serán considerados en la determinación de la acción apropiada en tales situaciones se encuentran la influencia de la empresa sobre la entidad en cuestión, qué tan crucial es la relación para la empresa, la gravedad del impacto, y si la terminación de la relación con la entidad implicaría en sí misma la generación de impactos negativos sobre los derechos humanos.

49. El párrafo 4 recomienda que las empresas expresen su compromiso de respetar los derechos humanos a través de una declaración de política de acceso público que: *(i)* sea aprobada por el más alto nivel de la empresa; *(ii)* esté informada por expertos internos y/o externos pertinentes; *(iii)* estipule las expectativas de derechos humanos de la empresa sobre el personal, sus socios comerciales y otras partes directamente vinculadas a sus operaciones, productos o servicios; *(iv)* se comunique interna y externamente a todo el personal, socios comerciales y otras partes relevantes; *(v)* se refleje en las políticas y procedimientos operativos necesarios para integrarla en toda la empresa.

50. El párrafo 5 recomienda que las empresas lleven a cabo la debida diligencia en materia de derechos humanos. El proceso implica evaluar los impactos reales y potenciales sobre los derechos humanos, integrar y actuar sobre los hallazgos, rastrear las respuestas e informar sobre cómo se abordan los impactos. La debida diligencia en materia de derechos humanos puede incluirse dentro de sistemas más amplios de gestión de riesgos de la empresa, siempre que vaya más allá de la simple identificación y gestión de riesgos relevantes para la propia empresa e incluya los riesgos para los titulares de derechos. Es un ejercicio continuo, que reconoce que los riesgos relativos a los derechos humanos pueden cambiar con el tiempo a medida que evolucionan las operaciones de la empresa y el contexto operativo. En los párrafos A.11-A.13 del capítulo sobre los principios generales y sus comentarios se proporcionan orientaciones complementarias sobre la debida diligencia, incluso en relación con las cadenas de suministro, y las respuestas apropiadas a los riesgos que surgen en las cadenas de suministro. Además, se han desarrollado más orientaciones para sectores y riesgos específicos, así como a nivel intersectorial a través de la Guía de la OCDE de debida diligencia para una conducta empresarial responsable. Llevar a cabo la debida diligencia en materia de derechos humanos puede implicar considerar riesgos específicos e interrelacionados, incluidos los relacionados con características individuales o con grupos en situación de vulnerabilidad o marginados. El involucramiento significativo de las partes interesadas es importante en este sentido y también puede ser relevante considerar formas de maximizar los resultados de desarrollo sostenible para dichos grupos.

51. Cuando las empresas identifican a través de su proceso de debida diligencia en materia de derechos humanos, o mediante otros medios, que han causado o contribuido a causar un impacto negativo, las *Líneas Directrices* recomiendan que las empresas proporcionen o cooperen en su reparación a través de procesos legítimos. Las empresas deberían establecer o participar en procesos para permitir la reparación. Algunos casos requieren la cooperación con mecanismos judiciales o mecanismos estatales no judiciales. En otros, para aquellos que pueden verse afectados por las actividades de las empresas, los mecanismos de reclamación a nivel operativo pueden ser un medio eficaz para proveer estos

procesos, en la medida en que cumplan con los criterios fundamentales de: legitimidad, accesibilidad, previsibilidad, equidad, compatibilidad con las *Líneas Directrices*, transparencia, compatibilidad con los derechos humanos, y fuente de aprendizaje continuo. Estos mecanismos están igualmente basados en el diálogo y el involucramiento de las partes, con miras a buscar soluciones consensuadas. Dichos mecanismos pueden ser administrados por la empresa, sola o en colaboración con otras partes interesadas, y pueden ser una fuente de aprendizaje continuo. Los mecanismos de reclamación a nivel operativo no deberían utilizarse para socavar el papel de los sindicatos a la hora de abordar los conflictos laborales, ni deberían impedir el acceso a mecanismos de reclamación judiciales o no judiciales, incluidos los Puntos nacionales de contacto establecidos en virtud de las *Líneas Directrices*.

V. Empleo y relaciones laborales

Las empresas deberían, dentro del marco de la legislación aplicable, las regulaciones y las prácticas vigentes en materia de empleo y relaciones laborales, así como de los estándares laborales internacionales aplicables, evitando cualquier práctica ilegal de en materia de empleo y relaciones laborales, y de acuerdo con las expectativas de debida diligencia descritas en los capítulos II y IV:

1.

a) Respetar el derecho de los trabajadores a constituir o afiliarse a sindicatos y organizaciones representativas de su elección, incluyendo evitar interferir en la elección de los trabajadores de constituir o afiliarse a un sindicato u organización representativa de su elección.

b) Respetar el derecho de los trabajadores a encomendar a los sindicatos y organizaciones representativas de su elección que los representen en las negociaciones colectivas y a iniciar, bien sea individualmente o a través de asociaciones de empresarios, negociaciones constructivas con dichos representantes con el objeto de llegar a acuerdos sobre condiciones de empleo.

c) Contribuir a la abolición efectiva del trabajo infantil y adoptar medidas inmediatas y efectivas para garantizar de manera urgente la eliminación de las peores formas de trabajo infantil.

d) Contribuir a la eliminación de todas las formas de trabajo forzoso u obligatorio y adoptar medidas inmediatas y eficaces para eliminar de manera urgente el trabajo forzoso u obligatorio.

e) Guiarse en todas sus operaciones por el principio de igualdad de oportunidades y de trato en el empleo y no incurrir en discriminación contra sus trabajadores con respecto al empleo u ocupación por motivos de raza, color, sexo, edad, religión, opinión política, ascendencia nacional u origen social, personas con discapacidad u otra condición, a menos que la selectividad relativa a las características de los trabajadores fomente políticas gubernamentales establecidas que promueven específicamente una mayor igualdad de oportunidades de empleo o esté relacionada con los requisitos inherentes a un puesto de trabajo.

f) Proveer un entorno de trabajo seguro y saludable de acuerdo con la Declaración de la OIT relativa a los principios y derechos fundamentales en el trabajo.

2.

a) Proveer a los representantes de los trabajadores de los medios necesarios para la consecución de convenios colectivos eficaces.

b) Proveer de manera oportuna a los representantes de los trabajadores de aquella información que resulte necesaria para conducir negociaciones constructivas sobre las condiciones de empleo.

c) Proveer a los trabajadores y sus representantes de información que les permita obtener una idea exacta y correcta del desempeño de la entidad o, en su caso, de la empresa en su conjunto.

3. Promover la consulta y la cooperación entre empleadores y trabajadores y sus representantes a través de procesos, estructuras o mecanismos legítimos respecto a cuestiones de interés mutuo.

4.

a) Observar los estándares de empleo, los arreglos contractuales y las relaciones laborales a lo largo de sus operaciones.

b) Cuando las empresas multinacionales operan en otros países, los salarios, las prestaciones y las condiciones de trabajo ofrecidos en sus operaciones no deberían ser menos favorables para los trabajadores que los ofrecidos por empleadores comparables en el país anfitrión. Cuando no existan empleadores comparables, las empresas deberían ofrecer los mejores salarios, prestaciones y condiciones de trabajo posibles, en el marco de las políticas gubernamentales y de los estándares internacionales aplicables. Éstos deberían estar relacionados con la posición económica de la empresa, pero deberían ser al menos adecuados para satisfacer las necesidades básicas de los trabajadores y sus familias.

c) Mantener los más altos estándares de seguridad y salud en el trabajo.

5. En sus operaciones, en la medida de lo posible, emplear trabajadores locales y proveer capacitación con miras a mejorar los niveles de capacitación, en cooperación con los representantes de los trabajadores y, cuando corresponda, las autoridades gubernamentales pertinentes.

6. Cuando prevean cambios en sus operaciones que pudieran tener efectos importantes sobre el empleo, en particular en el caso del cierre de una entidad que implique ceses o despidos colectivos, notificar dichos cambios con una antelación razonable a los representantes de los trabajadores afectados y a sus organizaciones y, en su caso, a las autoridades gubernamentales pertinentes, y cooperar con los representantes de los trabajadores y las autoridades gubernamentales para mitigar en la mayor medida posible los efectos negativos de estos cambios. A la luz de las circunstancias específicas de cada caso, sería conveniente que el consejo de administración pudiera dar tal preaviso antes de que la decisión final fuese adoptada. También pueden emplearse otros medios para proveer una cooperación constructiva que mitigue los efectos de estas decisiones.

7. En el marco de negociaciones realizadas de buena fe con los representantes de los trabajadores relativas a las condiciones de trabajo, o cuando los trabajadores ejerzan su derecho a organizarse, no amenazar con trasladar fuera del país en cuestión la totalidad o parte de la unidad operativa ni con trasladar a trabajadores procedentes de entidades integrantes de la empresa localizadas en otros países con el fin de influir injustamente en dichas negociaciones o de obstaculizar el ejercicio del derecho a organizarse o de negociar colectivamente.

8. Permitir a los representantes autorizados de los trabajadores negociar sobre cuestiones relacionadas con convenios colectivos o con las relaciones entre empleados y empresas y permitir a las partes consultar con representantes patronales autorizados acerca de asuntos de interés mutuo para adoptar decisiones respecto a estas cuestiones.

Comentario al Capítulo V: Empleo y relaciones laborales

52. El capítulo comienza con una introducción que hace referencia a las leyes y regulaciones "aplicables". Ello tiene por objeto reconocer que las empresas multinacionales, aunque operen en el territorio de un país determinado, pueden estar sujetas en materia de empleo y relaciones laborales tanto a disposiciones nacionales como internacionales. La frase "prácticas vigentes en materia de empleo y relaciones laborales" es lo suficientemente amplia como para permitir interpretaciones diversas en función de las distintas situaciones nacionales; por ejemplo, en lo que se refiere a las diferentes posibilidades de negociación establecidas para los trabajadores en virtud de las legislaciones y regulaciones nacionales.

53. La Organización Internacional del Trabajo (OIT) es el órgano competente encargado de establecer las normas laborales internacionales y promover los derechos fundamentales en el trabajo, tal y como se reconocen en la Declaración de la OIT relativa a los principios y derechos fundamentales en el trabajo. Las *Líneas Directrices*, como instrumento no vinculante, tienen la función de promover el

cumplimiento de estas normas y principios por parte de las empresas multinacionales. Las *Líneas Directrices* reflejan las disposiciones pertinentes de la Declaración, así como las de la Declaración tripartita de principios sobre las empresas multinacionales y la política social de la OIT, (la "Declaración de la OIT sobre las empresas multinacionales"). La Declaración de la OIT sobre las empresas multinacionales establece principios en materia de empleo, capacitación, condiciones laborales y relaciones profesionales, mientras que las *Líneas Directrices* cubren todos los aspectos importantes de la actividad de las empresas. Las *Líneas Directrices* y la Declaración de la OIT sobre las empresas multinacionales refieren a la conducta que se espera de las empresas y están diseñadas para funcionar en forma paralela, sin que sus disposiciones entren en conflicto. Por ello, la Declaración de la OIT sobre las empresas multinacionales puede resultar de utilidad para la buena comprensión de las *Líneas Directrices* dado que presenta un mayor grado de detalle. No obstante, los procedimientos de seguimiento de la Declaración de la OIT sobre las empresas multinacionales y de las *Líneas Directrices* no competen a los mismos órganos.

54. La terminología empleada en el capítulo V corresponde a la utilizada en la Declaración de la OIT sobre las empresas multinacionales. Se reconoce que, en ausencia de una relación laboral, se espera que las empresas actúen de acuerdo con las recomendaciones relativas a la debida diligencia basada en el riesgo y a las cadenas de suministro, en base a los párrafos A.11 - A.14 del capítulo II sobre Principios generales. Esto es especialmente relevante en sectores donde la informalidad, los acuerdos laborales a corto plazo, los déficits de trabajo decente y la transformación digital pueden ser más comunes.

55. Estas recomendaciones no entran en conflicto con las relaciones civiles y comerciales propiamente dichas, sino que buscan garantizar que las personas que están en una relación de trabajo tengan la protección que les es debida en el contexto de las *Líneas Directrices.*

56. El primer párrafo del presente capítulo hace referencia al conjunto de principios y derechos fundamentales del trabajo enunciados en la Declaración de la OIT relativa a los principios y derechos fundamentales en el trabajo, a saber, la libertad de asociación y el derecho a la negociación colectiva, la abolición efectiva del trabajo infantil, la eliminación de todas las formas de trabajo forzoso u obligatorio, la no discriminación en materia de empleo y de ocupación, y la promoción de un entorno de trabajo seguro y saludable. Estos principios y derechos han sido desarrollados como derechos y obligaciones específicos en los Convenios de la OIT reconocidos como fundamentales.

57. El párrafo 1c) recomienda que las empresas multinacionales contribuyan a la abolición efectiva del trabajo infantil, en el sentido de la Declaración de la OIT relativa a los principios y derechos fundamentales en el trabajo. El Convenio 138 y la Recomendación 146 (ambos adoptados en 1973), sobre la edad mínima de acceso al empleo, y el Convenio 182 y la Recomendación 190 de la OIT sobre las peores formas de trabajo infantil son los instrumentos más antiguos de la OIT en materia de trabajo infantil. Gracias a sus prácticas en materia de gestión de la mano de obra, al empleo decente, bien remunerado, y de alta calificación que crean, y a su contribución al crecimiento económico, las empresas multinacionales pueden desempeñar un papel positivo en la lucha contra las causas fundamentales de la pobreza en general y del trabajo infantil en particular. Es importante reconocer y fomentar el papel que pueden jugar las empresas multinacionales en la búsqueda de una solución duradera al problema del trabajo infantil. En este sentido, la mejora del nivel de educación de los niños que residen en los países anfitriones merece una atención especial.

58. El párrafo 1d) recomienda que las empresas contribuyan a la eliminación de todas las formas de trabajo forzoso y obligatorio, otro principio derivado de la Declaración de la OIT relativa a los principios y derechos fundamentales en el trabajo, y reconocido como el derecho humano que protege contra el trabajo forzoso y obligatorio en el Pacto internacional de derechos civiles y políticos. La referencia a este derecho fundamental del trabajo se basa en el Convenio 29 de 1930 de la OIT y su Protocolo de 2014 y el Convenio 105 de 1957. El Convenio 29 alienta a los gobiernos a "suprimir el uso del trabajo forzoso u obligatorio, bajo todas sus formas, en el más breve plazo posible", mientras que el Convenio 105 alienta

a los gobiernos a "suprimir y no hacer uso de ninguna forma de trabajo forzoso u obligatorio" en un cierto número de casos enumerados (por ejemplo, como medio de coerción política o como medida de disciplina de trabajo) y a "tomar medidas eficaces para la abolición inmediata y completa del trabajo forzoso y obligatorio". Al mismo tiempo, se entiende que la OIT es el órgano competente en lo que se refiere a la delicada cuestión del trabajo penitenciario, en particular cuando se trata de la prestación de servicios (o puesta a disposición) de prisioneros a favor de particulares, empresas o asociaciones. Las empresas deberían adoptar las medidas necesarias para prevenir la trata de personas, incluyendo el trabajo forzoso, y hacer frente a los medios de coerción, incluida la servidumbre por deudas. Las empresas deberían responder a los indicadores establecidos en los Indicadores del trabajo forzoso de la OIT y reforzar la transparencia en torno a las medidas adoptadas para abordar los riesgos asociados al trabajo forzoso en sus operaciones, productos y servicios.

59. La referencia al principio de no discriminación en materia de empleo y de ocupación del párrafo 1e) se aplica a condiciones tales como contratación, asignación de puesto de trabajo, despido, remuneración y otros beneficios, ascensos, traslados, cese o desvinculación, capacitación y jubilación. La lista de formas prohibidas de discriminación se extrae del Convenio 111 sobre la discriminación (empleo y ocupación) de la OIT, el Convenio 100 de la OIT, el Convenio 183 sobre la protección de la maternidad, el Convenio 159 sobre la readaptación profesional y el empleo (personas inválidas), la Recomendación 162 sobre trabajadores de edad y la Recomendación 200 sobre el VIH y el sida y el mundo del trabajo, establece que toda distinción, exclusión o preferencia por estos motivos es contraria a los convenios, recomendaciones y códigos. La mención de "cualquier otra circunstancia" a efectos de las *Líneas Directrices* se refiere a la actividad sindical y a características personales tales como edad, incapacidad, género, embarazo, estado civil, orientación sexual o situación en relación con el VIH. De conformidad con lo dispuesto en el apartado 1e), se espera que las empresas promuevan la igualdad de oportunidades para todos, con especial énfasis en la igualdad de criterios de selección, remuneración, formación y promoción, y la aplicación igualitaria de dichos criterios, y prevengan la discriminación o los despidos por motivos de matrimonio, embarazo o de aquellos trabajadores con responsabilidades familiares. El Convenio 190 de la OIT sobre la violencia y el acoso en el mundo del trabajo es relevante en este sentido.

60. El apartado 1f) recomienda a todas las empresas que provean un entorno de trabajo seguro y saludable, incluyendo la prevención de accidentes y daños para la salud derivados, relacionados u ocurridos durante el trabajo, reduciendo al mínimo, en la medida de lo razonablemente posible, las causas de los riesgos inherentes al entorno de trabajo.

61. El párrafo 2c) de este capítulo dispone que se espera que la información proporcionada por las empresas a sus trabajadores y sus representantes dé una "idea exacta y correcta" de los resultados. Esta información se refiere a: la estructura de la empresa, su situación y perspectivas económicas y financieras, sus impactos negativos sobre el medio ambiente, la salud y la seguridad, la evolución del empleo y los cambios sustanciales esperados en sus actividades, teniendo en cuenta las obligaciones legales de confidencialidad. Las consideraciones relativas a la confidencialidad empresarial implican que la información relativa a ciertos aspectos puede no ser proporcionada o proporcionada únicamente tomando las protecciones adecuadas.

62. La referencia a las formas consultivas de participación de los trabajadores incluida en el párrafo 3 del presente capítulo fue tomada de la Recomendación 94 de la OIT sobre la consulta y la colaboración entre empleadores y trabajadores en el ámbito de la empresa. También es concordante con una disposición de la Declaración de la OIT sobre las empresas multinacionales. Estos dispositivos de consulta no sustituyen al derecho de los trabajadores a negociar sus condiciones laborales. En el párrafo 8 también figura una recomendación sobre los dispositivos de consulta relativos a las condiciones de trabajo.

63. En el párrafo 4 se entiende que las normas de empleo y las relaciones laborales incluyen acuerdos sobre remuneración y jornada laboral. La referencia a la salud y a la seguridad en el trabajo implica que las empresas multinacionales deberían aplicar las reglamentaciones y las normas de la industria vigentes

para reducir el riesgo de accidentes y enfermedades que surjan o se produzcan durante el empleo o que estén relacionados con el trabajo. Se trata de alentar a las empresas a mejorar el nivel de resultados en materia de sanidad y seguridad en el trabajo en todos los sectores de sus operaciones, incluso en aquellos casos en que lo anterior no sea exigido formalmente por las regulaciones vigentes en los países en que operan. Se trata, también, de alentar a las empresas a respetar la posibilidad de que los trabajadores abandonen su puesto de trabajo cuando haya motivos razonables para pensar que hay un peligro grave e inminente para su salud o seguridad. Dada la importancia y la complementariedad de las recomendaciones relacionadas, las cuestiones relativas a la salud y a la seguridad se tratan igualmente en otras disposiciones de las *Líneas Directrices*, especialmente en los capítulos sobre intereses de los consumidores y medio ambiente. La Recomendación 194 de la OIT sobre la lista de enfermedades profesionales proporciona una lista indicativa de enfermedades profesionales, así como códigos de prácticas y guías que las empresas pueden tener en cuenta para aplicar esta recomendación de las *Líneas Directrices*. En la parte IV (Acción a nivel de empresa) del Convenio 155 de la OIT sobre seguridad y salud de los trabajadores y en las Directrices relativas a los sistemas de gestión de la seguridad y la salud en el trabajo (ILO-OSH) se ofrecen más orientaciones para las empresas en materia de seguridad y salud en el trabajo.

64. En virtud de la recomendación enunciada en el párrafo 5, se invita a las empresas multinacionales a contratar localmente una proporción adecuada de su fuerza de trabajo (incluido el personal de gestión) y proporcionarle capacitación. La formación para el desarrollo de competencias y la recualificación deberían anticipar los cambios futuros en las operaciones y las necesidades de los empleadores, incluidos los que responden a los cambios tecnológicos sociales y ambientales, los riesgos y las oportunidades relacionados con la automatización, la digitalización, la transición justa y el desarrollo sostenible. Las disposiciones de este párrafo relativas a la capacitación y al nivel de cualificación complementan el texto del párrafo A.4 del capítulo sobre los principios generales relativos a la promoción de la formación de capital humano. La referencia a los trabajadores locales complementa el texto del párrafo A.3 de los Principios generales sobre la promoción de las capacidades del personal local. De conformidad con la Recomendación 195 de la OIT sobre el desarrollo de los recursos humanos, se impulsa también a las empresas a invertir, en la mayor medida de lo posible, en capacitación y educación permanente, garantizando al mismo tiempo la igualdad de oportunidades de acceso a la educación por parte de las mujeres y otros grupos vulnerables tales como los jóvenes, trabajadores poco cualificados, personas con discapacidades, migrantes, trabajadores mayores, así como los Pueblos Indígenas.

65. Las empresas desempeñan un papel importante en la promoción y creación de trabajo decente. El párrafo 6 recomienda a las empresas notificar, en un plazo razonable, a los representantes de los trabajadores y a las autoridades gubernamentales competentes, acerca de cualquier cambio en sus operaciones que pudiera afectar de manera importante los medios de sustento de sus trabajadores, principalmente cuando se trate del cierre de una entidad o del avance hacia la automatización que implique despidos colectivos o a gran escala. Como se indica en dicho párrafo, el objetivo de esta disposición es ofrecer la posibilidad de una cooperación que mitigue los efectos negativos de estos cambios. Este es un principio importante que se refleja ampliamente en las leyes y prácticas relativas a las relaciones laborales de los Adherentes a las *Líneas Directrices*, pese a que las soluciones adoptadas para asegurar la posibilidad de tal cooperación constructiva no sean idénticas en todos los Adherentes. Asimismo, este párrafo recomienda, a la luz de las circunstancias particulares de cada caso, que la dirección notifique a los interesados antes de tomar la decisión definitiva. De hecho, este preaviso está previsto en las leyes y prácticas relativas a las relaciones laborales en algunos países que han suscrito las *Líneas Directrices*. No obstante, no constituye el único medio de ofrecer la posibilidad de una cooperación constructiva que atenúe los efectos de tales decisiones, y las leyes y prácticas de otros países adherentes contemplan otros medios fijando, de manera ilustrativa, un plazo para llevar a cabo consultas antes de implementar la decisión.

VI. Medio ambiente

Las empresas desempeñan un papel clave en el avance de las economías sostenibles y pueden contribuir a brindar una respuesta efectiva y progresiva a los desafíos ambientales globales, regionales y locales, incluida la urgente amenaza del cambio climático. En el marco de las leyes, las regulaciones y las prácticas administrativas de los países en los que operan, y teniendo en cuenta los acuerdos, principios, objetivos y estándares internacionales pertinentes, las empresas deberían realizar sus actividades de manera que tengan debidamente en consideración la necesidad de proteger el medio ambiente y, a su vez, a los trabajadores, las comunidades y la sociedad en general, eviten y aborden los impactos ambientales negativos y contribuyan al objetivo más amplio del desarrollo sostenible. Las empresas pueden verse involucradas en una variedad de impactos ambientales negativos. Estos incluyen, entre otros:

a) cambio climático;
b) pérdida de biodiversidad;
c) degradación de los ecosistemas terrestres, marinos y de agua dulce;
d) deforestación;
e) contaminación del aire, del agua y del suelo;
f) mala gestión de los residuos, incluidas las sustancias peligrosas.

En el comentario al presente capítulo se desarrollan las diferencias importantes en materia de impacto ambiental, incluso en lo que respecta al cambio climático, y cómo la relación de una empresa con tales impactos debería ser tomada en consideración en el contexto de los marcos pertinentes.

En particular, las empresas deberían:

1. Establecer y mantener un sistema de gestión ambiental adecuado para la empresa asociado a sus operaciones, productos y servicios a lo largo de todo su ciclo de vida, incluyendo la realización de la debida diligencia basada en el riesgo, como se describe en el capítulo II, para los impactos ambientales negativos, incluyendo a través de:
   a) la identificación y la evaluación de los impactos ambientales negativos asociados con las operaciones, productos o servicios de una empresa, incluso mediante la recopilación y evaluación de información adecuada y oportuna sobre los impactos negativos asociados con sus operaciones, productos y servicios y, cuando las actividades puedan generar impactos ambientales negativos significativos, la preparación de una evaluación de impacto ambiental adecuada;
   b) el establecimiento e implementación de objetivos, metas y estrategias medibles para abordar los impactos ambientales negativos asociados con sus operaciones, productos y servicios y para mejorar el desempeño ambiental. Los objetivos deberían tener una base científica, ser coherentes con las políticas nacionales pertinentes y con los compromisos y metas internacionales, y estar basados en buenas prácticas;
   c) la verificación regular de la efectividad de las estrategias y el monitoreo de su progreso hacia los objetivos y metas ambientales, y la revisión periódica de la relevancia continua de los objetivos, metas y estrategias;

d) la provisión al público, a los trabajadores y a otras partes interesadas relevantes de información adecuada, mensurable, verificable (cuando corresponda) y oportuna sobre los impactos ambientales asociados con sus operaciones, productos y servicios, con base en la mejor información disponible y el progreso en relación con las metas y objetivos descritos en el párrafo 1.b;

e) la reparación por sus propios medios o en colaboración con otros actores, según el caso, de los impactos ambientales negativos que la empresa ha causado o haya contribuido a causar, y la utilización de su influencia sobre otras entidades que causan o contribuyen a causar los impactos ambientales negativos para que los reparen.

2. Llevar a cabo procesos de participación significativa con las partes interesadas relevantes afectadas por impactos ambientales negativos asociados con sus operaciones, productos o servicios.

3. De acuerdo con la comprensión científica y técnica de los riesgos, cuando existan amenazas de daños graves o irreversibles al medio ambiente, teniendo también en cuenta la salud y la seguridad humanas, no invocar a la falta de certeza o de vías científicas absolutas como justificación para posponer la adopción de medidas rentables para prevenir o minimizar tales daños.

4. Mantener planes de contingencia para prevenir, mitigar y controlar los daños ambientales y de salud graves derivados de sus operaciones, incluidos accidentes y emergencias, incluyendo mecanismos de reporte inmediato a las autoridades competentes.

5. Procurar de manera continua mejorar el desempeño ambiental, a nivel de la empresa y, en su caso, de las entidades con las que mantengan relaciones comerciales, incluso mediante:

   a) la adopción de tecnologías, y cuando sea factible las mejores tecnologías disponibles, para mejorar el desempeño ambiental;

   b) el desarrollo y suministro de productos o servicios que no causen impactos ambientales indebidos; que sean seguros para el uso al que están destinados; que sean duraderos, reparables y puedan reutilizarse, reciclarse o eliminarse de manera segura y que se produzcan de una manera respetuosa con el medio ambiente, utilizando los recursos naturales de forma sostenible y minimizando en la medida de lo posible los insumos energéticos y materiales, así como la generación de contaminación, y las emisiones de gases de efecto invernadero y residuos, en particular residuos peligrosos;

   c) el aumento de la sensibilización entre los clientes acerca de las implicaciones ambientales de la utilización de los productos y servicios de la empresa, incluyendo la facilitación de información adecuada y precisa sobre sus impactos ambientales (por ejemplo, sobre las emisiones de gases de efecto invernadero, los impactos sobre la biodiversidad, la eficiencia en el uso de los recursos, la reparabilidad y reciclabilidad u otras cuestiones ambientales).

6. Proporcionar educación y capacitación adecuadas a los trabajadores en materia de medio ambiente, salud y seguridad, incluyendo la gestión de materiales y residuos peligrosos y no peligrosos, así como la prevención de accidentes ambientales, además de áreas más generales de gestión ambiental, como procedimientos de evaluación de impacto ambiental, relaciones públicas y tecnologías ambientales. Proporcionar apoyo, incluyendo el desarrollo de capacidades en materia de gestión ambiental, a los proveedores y otras relaciones comerciales, en particular a las pequeñas y medianas empresas y a los pequeños propietarios, cuando sea apropiado y factible.

7. Contribuir al desarrollo de políticas públicas responsables con el medio ambiente y eficientes desde el punto de vista económico, por ejemplo, mediante alianzas o iniciativas que mejoren la sensibilización y la protección ambiental.

Comentario al Capítulo VI: Medio ambiente

66. Alcanzar los objetivos ambientales requiere un enfoque que abarque a toda la sociedad. Las *Líneas Directrices* establecen expectativas sobre cómo las empresas deberían evitar y abordar los impactos ambientales negativos y contribuir a alcanzar los objetivos de mitigación y adaptación al cambio climático; la conservación, restauración y uso sostenible de la diversidad biológica; el uso sostenible, eficiente y legítimo de la tierra, los recursos y la energía; el consumo y la producción sostenibles, incluso a través de la promoción de enfoques de economía circular; y la prevención, reducción y control de la contaminación. Los compromisos internacionales, los acuerdos multilaterales y otros marcos regulatorios representan un punto de referencia importante para comprender los problemas y expectativas ambientales. Algunos acuerdos internacionales contienen objetivos gubernamentales comunes y es posible que no puedan proveer prescripciones detalladas sobre las responsabilidades de las empresas individuales en relación con dichos objetivos. En tales casos, los marcos regulatorios pertinentes, las políticas públicas nacionales y los estándares ampliamente reconocidos en materia de gestión y salvaguardias ambientales, y la evidencia científica constituyen referencias importantes. El texto del capítulo sobre medio ambiente refleja ampliamente los principios y objetivos contenidos en la Declaración de Río sobre el medio ambiente y el desarrollo, en la Agenda 21 (dentro de la Declaración de Río) y la Agenda 2030 de las Naciones Unidas para el desarrollo sostenible. Además, es coherente con la Convención marco de las Naciones Unidas sobre el cambio climático (CMNUCC), el Acuerdo de París, el Convenio sobre la diversidad biológica, el Marco global de biodiversidad de Kunming-Montreal, las convenciones regionales relevantes sobre el acceso a la información, la participación pública y la justicia en asuntos ambientales, la Convención de las Naciones Unidas de lucha contra la desertificación, así como con los acuerdos ambientales regionales pertinentes, y refleja los estándares contenidos en instrumentos tales como la Norma ISO sobre los sistemas de gestión ambiental, las Normas de desempeño ambiental y social de la Corporación Financiera Internacional y el Enfoque estratégico para la gestión de productos químicos a nivel internacional (SAICM).

67. En el contexto de las *Líneas Directrices*, la "gestión ambiental" debería interpretarse en su sentido más amplio, abarcando las actividades destinadas a comprender los impactos y riesgos ambientales, evitando y abordando los impactos ambientales relacionados con las operaciones, productos y servicios de una empresa, teniendo en cuenta la participación de la empresa en los impactos acumulativos y buscando de manera continuada mejorar el desempeño ambiental de una empresa. La gestión ambiental también implica llevar a cabo la debida diligencia basada en el riesgo con respecto a los impactos ambientales negativos. De conformidad con el capítulo II, la naturaleza y el alcance de la debida diligencia ambiental dependerán de las circunstancias particulares de cada empresa. Las limitaciones para llevar a cabo la debida diligencia ambiental pueden incluir la falta de disponibilidad de datos o tecnologías ambientales. La debida diligencia también implicará la priorización basada en el riesgo. También dependerá de la medida en que los impactos ambientales asociados con las operaciones, productos o servicios de la empresa sean razonablemente previsibles. La gestión ambiental es una parte importante del desarrollo sostenible y puede implicar la reconciliación de una amplia gama de prioridades, incluidas las establecidas en las prioridades y metas nacionales para el desarrollo sostenible. La gestión ambiental constituye a la vez una responsabilidad y una oportunidad para las empresas. Las empresas multinacionales desempeñan un papel en ambos aspectos. Por consiguiente, los gerentes de estas empresas deberían prestar la debida atención a las cuestiones ambientales dentro de sus estrategias comerciales. La mejora del desempeño ambiental requiere de un compromiso hacia un enfoque sistemático y una mejora continua del sistema. Un sistema de gestión ambiental proporciona el marco interno necesario para integrar las consideraciones ambientales en las operaciones comerciales. Tener un sistema de este tipo debería ayudar a garantizar a los accionistas, trabajadores, comunidades y otras partes interesadas relevantes de que la empresa está trabajando activamente para proteger el medio ambiente del impacto negativo de sus actividades.

68. La introducción de este capítulo contiene una lista no exhaustiva de impactos ambientales negativos que pueden estar asociados con las actividades empresariales. Muchas actividades empresariales pueden entrañar impactos negativos en el medio ambiente. Los impactos ambientales negativos son cambios significativos en el medio ambiente o la biota que tienen efectos nocivos en la composición, resiliencia, productividad o capacidad de carga de los ecosistemas naturales y gestionados, o en el funcionamiento de los sistemas socioeconómicos o en las personas. Los impactos ambientales negativos deberían evaluarse a la luz de la mejor ciencia disponible. Según las *Líneas Directrices*, como se describe en el capítulo II, una empresa "causa" un impacto ambiental negativo si sus actividades por sí solas son suficientes para producir el impacto negativo. Una empresa "contribuye a" un impacto ambiental negativo si sus actividades, en combinación con las actividades de otras entidades causan el impacto, o si las actividades de la empresa causan, facilitan o incentivan a otra entidad a causar un impacto negativo. Los impactos ambientales negativos también pueden vincularse directamente con las operaciones, los productos o los servicios de una empresa en virtud de una relación comercial, incluso si no contribuyen a esos impactos.

69. Los impactos ambientales pueden ser colectivos e interrelacionados, o aislados; pueden ser de naturaleza localizada o transfronteriza. Aunque algunos impactos ambientales se conocen bien, el alcance, la naturaleza y la causa de otros pueden ser menos conocidos, evolucionar o incluso desconocerse. Por lo tanto, mientras que en algunos casos será posible evaluar, sobre la base de la ciencia y la información disponibles, en qué medida una empresa está contribuyendo a un impacto ambiental negativo, en otros casos tal evaluación puede resultar difícil. En los casos en los que resulte difícil, a los efectos de las *Líneas Directrices*, la evaluación de la contribución de una empresa a los impactos negativos debería considerar en qué medida sus actividades son coherentes con los estándares ampliamente reconocidos, procesos de gestión ambiental y salvaguardias relativas a las buenas prácticas ambientales; así como con los puntos de referencia y estándares establecidos en las normas y marcos regulatorios ambientales aplicables; y con los acuerdos internacionales pertinentes.

70. Los impactos ambientales negativos a menudo están estrechamente relacionados con otros ámbitos cubiertos por las *Líneas Directrices*, como la salud y la seguridad, los impactos en los trabajadores y las comunidades, el acceso a los medios de subsistencia o los derechos de tenencia de la tierra. Más aún, llevar a cabo la debida diligencia ambiental y gestionar los impactos ambientales negativos a menudo implicará tener en cuenta múltiples prioridades ambientales, sociales y de desarrollo. En particular, el preámbulo del Acuerdo de París tiene en cuenta los imperativos de una transición justa, de la mano de obra, y de la creación de trabajo decente y de calidad de acuerdo con las prioridades de desarrollo definidas a nivel nacional, y reconoce que, al tomar medidas para abordar el cambio climático, las Partes deberían respetar, promover y considerar sus respectivas obligaciones. A este respecto, es importante que las empresas evalúen y aborden los impactos sociales en el contexto de sus actividades de gestión ambiental y de debida diligencia y que tomen medidas para prevenir y mitigar dichos impactos negativos, tanto al abandonar prácticas nocivas para el medio ambiente como al hacer la transición hacia industrias o prácticas más ecológicas, tal como el uso de energías renovables. A este respecto, será importante respetar los derechos laborales, incluida la participación en el diálogo social y la negociación colectiva, como se describe en el capítulo V, el involucramiento significativo de las partes interesadas relevantes y, cuando corresponda, practicar la desvinculación responsable, como se describe en el capítulo II.

71. Además de mejorar el desempeño ambiental, instituir un sistema de gestión ambiental puede brindar beneficios económicos a las empresas a través de la reducción de costos operativos y de seguro, la mejor conservación de energía y recursos, la reducción de cargas de cumplimiento y de responsabilidad, una mayor sostenibilidad y resiliencia, una mejora de acceso al capital y a las competencias, una mejora de la satisfacción del cliente, y mejores relaciones públicas y con la comunidad.

72. La comunicación acerca de los impactos ambientales asociados con las operaciones, los productos y los servicios de una empresa, así como el involucramiento significativo de las partes interesadas, son un componente de la debida diligencia y también pueden ser requeridos por ley. Los

estándares de reporte como la Global Reporting Initiative y otros estándares de reporte ambientales proporcionan referencias útiles. Véase también el capítulo III sobre divulgación de información. La comunicación y el involucramiento significativo con las partes interesadas, como los empleados, clientes, inversionistas, proveedores, contratistas, comunidades locales, individuos o grupos en situación de vulnerabilidad o marginación, personas que posean derechos especiales o derechos legítimos de tenencia, y Pueblos Indígenas, y con el público en general, resultan particularmente importantes cuando éstos se ven o pueden verse afectados por dichos impactos y cuando están en peligro bienes ambientales escasos o en riesgo, ya sea en un contexto regional, nacional o internacional.

73. Se alienta a las empresas a adoptar patrones de consumo y producción sostenibles, entre otras cosas, mediante la eficiencia de los recursos, la economía circular y otros modelos. Mediante estas prácticas, las empresas pueden reducir significativamente sus impactos ambientales negativos. La optimización de los recursos promueve un uso más eficiente y eficaz de los recursos y materiales, incluido el suministro de materias primas respetuosas con el medio ambiente. Además, los enfoques de economía circular son relevantes, según corresponda, como uno de los medios disponibles para lograr el desarrollo sostenible. En función de las prioridades y circunstancias nacionales, una economía circular es un modelo en el que los productos y materiales están diseñados para que puedan ser reutilizados, reparados, remanufacturados, reciclados o recuperados y, por lo tanto, mantenerse en la economía durante el mayor tiempo posible, junto con los recursos de los que están hechos, y en el que se evita o minimiza la generación de residuos, especialmente los peligrosos, y se previenen y reducen las emisiones de gases de efecto invernadero.

74. La premisa básica de las *Líneas Directrices* es que las empresas deberían actuar lo antes posible y de manera proactiva para evitar los impactos ambientales negativos.

75. Las *Líneas Directrices* no tienen la intención de reinterpretar ningún instrumento existente ni crear nuevos compromisos o precedentes por parte de los gobiernos. Su único propósito es recomendar cómo debería implementarse el enfoque de precaución a nivel de las empresas. Se reconoce que se necesita cierta flexibilidad en la aplicación de este enfoque, en función del contexto específico en el que se lleve a cabo. También se reconoce que los gobiernos determinan el marco básico en este campo a la luz de sus capacidades y tienen la responsabilidad de consultar periódicamente a las partes interesadas acerca de las formas más apropiadas de avanzar, garantizando la transparencia y un enfoque basado en la ciencia.

76. Las empresas desempeñan un papel importante en su contribución hacia la neutralidad de carbono y una economía resiliente al clima, necesario para lograr los objetivos acordados internacionalmente sobre la mitigación y adaptación al cambio climático. Durante el proceso de transición hacia la neutralidad de carbono, muchas actividades empresariales implicarán, en cierta medida, emisiones de gases de efecto invernadero o la reducción de los sumideros de carbono. Las empresas deberían asegurarse de que sus emisiones de gases de efecto invernadero y el impacto en los sumideros de carbono sean coherentes con los objetivos de temperatura global acordados internacionalmente y basados en la mejor ciencia disponible, incluso según lo evaluado por el Grupo intergubernamental de expertos sobre el cambio climático (IPCC, por sus siglas en inglés).

77. Esto incluye la introducción e implementación de políticas, estrategias y planes de transición con base científica sobre mitigación y adaptación al cambio climático, así como la adopción, implementación, monitoreo y el reporte sobre los objetivos de mitigación a corto, mediano y largo plazo. Estos objetivos deberían tener una base científica, incluir objetivos de reducción de gases de efecto invernadero absolutos y, cuando corresponda, basados en la intensidad, y tener en cuenta las emisiones de gases de efecto invernadero de alcance 1, 2 y, en la medida de lo posible sobre la base de la mejor información disponible, las emisiones de gases de efecto invernadero de alcance 3. Será importante informar, revisar y actualizar regularmente los objetivos en relación con su idoneidad y relevancia, en función de las últimas pruebas científicas disponibles y a medida que se desarrollen y actualicen las diferentes vías de transición nacionales o específicas del sector. Las empresas deberían priorizar la eliminación o reducción de las

fuentes de emisiones sobre las medidas de compensación o neutralización. Los créditos de carbono o las compensaciones pueden ser considerados como un medio para abordar las emisiones no disminuidas como último recurso. Los créditos o compensaciones de carbono deberían tener una alta integridad ambiental y no deberían desviar la atención de la necesidad de reducir las emisiones ni contribuir a consolidar procesos e infraestructuras intensivos en gases de efecto invernadero. Las empresas deberían informar públicamente acerca de su dependencia y las características relevantes de cualquier crédito de carbono o compensación que utilicen. Dicho informe debería ser independiente y complementario al informe sobre la reducción de emisiones.

78. Para cumplir los objetivos y abordar los impactos a través de esfuerzos de mitigación y adaptación climática, será crucial el uso de la influencia y la provisión de tecnología en términos mutuamente aceptables, la asistencia técnica y la financiación de proveedores y otras relaciones comerciales.

79. Lograr la resiliencia y la adaptación climática es un componente crítico de la respuesta global al cambio climático a largo plazo para proteger a las personas y los ecosistemas, y requerirá de la participación y el apoyo de todos los segmentos de la sociedad. Las empresas deberían evitar actividades que socaven la adaptación climática y la resiliencia de las comunidades, los trabajadores y los ecosistemas.

80. La conservación de la diversidad biológica y la gestión y el uso sostenible de los recursos naturales y los ecosistemas, incluidos, por ejemplo, los bosques, los océanos, las turberas y los humedales, son muy importantes para la salud humana y los medios de subsistencia, la supervivencia de las especies y la mitigación y adaptación al cambio climático. Las empresas deberían contribuir a la conservación de la diversidad biológica, el uso sostenible de sus componentes y la distribución justa y equitativa de los beneficios derivados de la utilización de los recursos genéticos. Las empresas también deberían evitar y abordar la degradación de la tierra, el mar y el agua dulce, incluida la deforestación, en consonancia con los Objetivos de desarrollo sostenible de las Naciones Unidas, en particular el Objetivo 15.2, el Plan estratégico de las Naciones Unidas para los bosques 2017-2030 y la Declaración de los líderes de Glasgow sobre los bosques y el uso de la tierra de 2021, que buscan detener y revertir la pérdida de bosques y la degradación de la tierra para 2030. Los esfuerzos deberían incluir llevar a cabo una debida diligencia reforzada con respecto a los posibles impactos negativos sobre la biodiversidad en parques nacionales, reservas y otras áreas protegidas, incluidos los sitios declarados patrimonio mundial natural de la UNESCO, las áreas protegidas en cumplimiento del Convenio sobre la diversidad biológica y según lo definido en la legislación interna, así como sobre especies protegidas. Cuando corresponda, y de acuerdo con sus propias capacidades y la legislación de los países en donde operan, las empresas deberían también contribuir a la gestión sostenible de la tierra y los bosques, incluida la restauración, la forestación, la reforestación y la reducción de la degradación de la tierra, el mar y el agua dulce. Los esfuerzos de las empresas para prevenir o mitigar los impactos negativos sobre la biodiversidad deberían guiarse por la jerarquía de mitigación de la biodiversidad, que recomienda primero tratar de evitar el daño a la biodiversidad, reducirlo o minimizarlo cuando no sea posible evitarlo, y utilizar las compensaciones y la restauración como último recurso para los impactos negativos que no se pueden evitar.

81. Los impactos ambientales negativos, particularmente en el contexto de la biodiversidad y la degradación de la tierra, el mar y el agua dulce, pueden estar relacionados con la gobernanza responsable de la tenencia de la tierra, los bosques y la pesca. Como se señala en las Directrices voluntarias sobre la gobernanza responsable de la tenencia de la tierra, la pesca y los bosques en el contexto de la seguridad alimentaria nacional (las Directrices voluntarias), la gobernanza responsable de la tenencia de la tierra, los bosques y la pesca puede desempeñar un papel en el apoyo al uso sostenible del entorno. En este contexto, las Directrices voluntarias llaman a realizar inversiones que no causen daño y a salvaguardar contra la privación de los titulares legítimos de derechos de tenencia y el daño ambiental.

82. Las *Líneas Directrices* también alientan a las empresas a trabajar para elevar el nivel de desempeño ambiental en todos los aspectos de sus operaciones, incluso cuando esto no sea exigido

formalmente por la práctica existente en los países en los que operan. A este respecto, las empresas deberían tener debidamente en cuenta sus efectos sociales y económicos en los países en desarrollo.

83. Por ejemplo, las empresas multinacionales a menudo tienen acceso a tecnologías o procedimientos operativos existentes e innovadores que, si se aplicaran, podrían contribuir a mejorar el desempeño ambiental en general. Las empresas multinacionales son a menudo consideradas como líderes en su sector, por lo que no debería de ser subestimado el potencial de efecto de emulación que pueden tener en otras empresas. Garantizar que el medio ambiente de los países en los que operan las empresas multinacionales también se beneficie de las tecnologías y prácticas disponibles e innovadoras es una forma importante de generar apoyo para las actividades de inversión internacional de forma más general.

84. Las empresas desempeñan un rol importante en la capacitación y educación de sus empleados y otras partes interesadas con relación a cuestiones de gestión ambiental. Se las alienta a cumplir con esta responsabilidad de la manera más amplia posible, especialmente en áreas directamente relacionadas con la salud y la seguridad humanas. Las empresas también deberían comunicar a sus relaciones comerciales sus políticas, requisitos y estándares ambientales de forma clara y accesible.

85. Las empresas deberían respetar los estándares de bienestar animal acordes con el Código terrestre de la Organización Mundial de Sanidad Animal (OMSA). Un animal experimenta un estado de bienestar si está sano, cómodo, bien alimentado, seguro, no sufre estados desagradables como dolor, miedo y angustia, y es capaz de expresar comportamientos que son importantes para su estado físico y mental. Un estado de bienestar animal requiere la prevención de enfermedades, cuidados veterinarios apropiados, refugio, manejo y nutrición, un entorno estimulante y seguro, una manipulación correcta, y el sacrificio o matanza en condiciones decentes. Además, las empresas deberían adherirse a las guías para el transporte de animales vivos desarrolladas por organizaciones internacionales pertinentes.

VII. Lucha contra el cohecho y otras formas de corrupción

Los impactos negativos en los ámbitos cubiertos por las *Líneas Directrices* se producen a menudo como consecuencia de la corrupción. Así, la implementación por parte de una empresa de medidas anticorrupción efectivas es una contribución importante para evitar otros impactos negativos cubiertos por las *Líneas Directrices*. Las empresas no deberían participar en ningún acto de cohecho u otras formas de corrupción.

En particular, las empresas deberían:

1. No participar en ningún acto de corrupción, incluido el ofrecimiento, la promesa o la concesión de cualquier ventaja indebida, pecuniaria o de otro tipo, a funcionarios públicos o empleados de personas o entidades con las que una empresa tenga una relación comercial, o a sus familiares o asociados. Del mismo modo, las empresas no deberían solicitar, acordar o aceptar ninguna ventaja indebida, pecuniaria o de otro tipo, de funcionarios públicos o empleados de personas o entidades con las que una empresa tenga una relación comercial. Las empresas no deberían utilizar a terceros u otros intermediarios, incluidos, entre otros, agentes, consultores, representantes, distribuidores, consorcios, contratistas y proveedores y socios de empresas conjuntas para canalizar beneficios indebidos, pecuniarios o de otro tipo, hacia funcionarios públicos o empleados de personas o entidades con las que una empresa mantenga relaciones comerciales o hacia sus familiares o asociados.
2. Desarrollar y adoptar controles internos adecuados, programas o medidas de ética y cumplimiento para prevenir, detectar y abordar adecuadamente el cohecho y otras formas de corrupción, elaborados a partir de una evaluación basada en el riesgo, teniendo en cuenta las circunstancias individuales de una empresa, en particular los factores de riesgo de la empresa relacionados con el cohecho y otras formas de corrupción (incluyendo, entre otros, su ubicación geográfica y su sector de actividad, otros asuntos de conducta empresarial responsable, el entorno regulatorio, el tipo de relaciones comerciales, las transacciones con gobiernos extranjeros y el uso de terceros). Estos controles internos, programas o medidas de ética y de cumplimiento deberían incluir un sistema de procedimientos financieros y contables, que comprenda un sistema de controles internos, razonablemente diseñado para garantizar el mantenimiento de una contabilidad fidedigna y exacta, registros de conflictos de intereses, registros y cuentas, con el fin de garantizar que no puedan utilizarse para cometer u ocultar cohecho u otros actos de corrupción. Estas circunstancias y riesgos específicos para la empresa deberían ser monitoreados y reevaluados regularmente según sea necesario, para determinar la asignación de recursos de cumplimiento y garantizar que los controles internos de la empresa, así como su programa o medidas de ética y cumplimiento se adaptan y siguen siendo eficaces, y para mitigar el riesgo de que la empresa se vea implicada en cohechos u otras formas de corrupción. Estos controles internos, programas o medidas de ética y de cumplimiento para prevenir y detectar todas las formas de corrupción también deberían incluir la implementación de la debida diligencia basada en el riesgo, tal como se describe en el capítulo II.

3. Prohibir o desalentar, en los controles internos de la empresa y en los programas o medidas de ética y de cumplimiento, el uso de pagos de facilitación, que generalmente son ilegales en los países donde se realizan, y, cuando se realicen dichos pagos, registrarlos con precisión en los libros y registros financieros.
4. Garantizar, teniendo en cuenta los riesgos particulares relacionados con el cohecho y otras formas de corrupción, una debida diligencia adecuadamente documentada en relación con la contratación, así como la supervisión apropiada y periódica de los agentes, y que su remuneración sea apropiada y sólo por la prestación de servicios legítimos. Cuando proceda, se debería mantener y poner a disposición de las autoridades competentes una lista actualizada de los agentes contratados en relación con transacciones con organismos públicos y empresas estatales, de conformidad con los requisitos aplicables de divulgación de información pública. Las empresas deberían tomar medidas para garantizar que sus agentes eviten ejercer influencias ilícitas y cumplan con los estándares profesionales en sus relaciones con los funcionarios públicos.
5. Fomentar la transparencia de sus actividades en la lucha contra el cohecho y otras formas de corrupción y promover una cultura de integridad. Las medidas podrían incluir *i)* un apoyo y un compromiso firme, explícito y visible del consejo de administración u órgano de gobierno equivalente y de la alta dirección con los programas de control interno, de ética y de cumplimiento de la empresa; *ii)* una política empresarial claramente articulada y visible que prohíba el cohecho y otras formas de corrupción, de fácil acceso para todos los empleados y terceras partes relevantes, incluidas, entre otras, las filiales extranjeras, los agentes y otros intermediarios; y *iii)* la divulgación de los sistemas de gestión y de los programas o medidas de control interno, de ética y de cumplimiento adoptados por las empresas para cumplir estos compromisos. Las empresas también deberían fomentar la apertura y el diálogo con el público para promover su concienciación y cooperación en la lucha contra el cohecho y otras formas de corrupción. Se alienta a las empresas a divulgar, sin perjuicio de las leyes y requisitos nacionales, cualquier conducta indebida relacionada con el cohecho y otras formas de corrupción, así como las medidas adoptadas para abordar los presuntos casos de cohecho y otras formas de corrupción. Estas medidas pueden incluir, entre otras, procesos para identificar, investigar y denunciar las conductas indebidas, así como una colaboración genuina y proactiva con las autoridades encargadas de hacer cumplir la ley.
6. Promover el conocimiento y el cumplimiento de las políticas de la empresa y sus controles internos, programas o medidas de ética y de cumplimiento contra el cohecho y otras formas de corrupción, entre los empleados y las personas o entidades vinculadas por una relación comercial, mediante la difusión adecuada de las políticas, programas o medidas y mediante programas de capacitación y procedimientos disciplinarios que tengan en cuenta las barreras lingüísticas, culturales y tecnológicas aplicables.
7. No realizar contribuciones ilegales a candidatos a cargos públicos o a partidos políticos u otras organizaciones vinculadas a partidos o candidatos políticos. Las contribuciones políticas deberían cumplir plenamente con la legislación nacional, incluidos los requisitos de divulgación de información pública y deberían requerir la aprobación de la alta dirección. Esto incluye no obligar a los trabajadores a apoyar a un candidato u organización políticos.

Comentario al Capítulo VII: Lucha contra el cohecho y otras formas de corrupción

86. Los términos cohecho y otras formas de corrupción deberían interpretarse de conformidad con los instrumentos que figuran a continuación. La corrupción incluye el cohecho de funcionarios públicos o de empleados de personas o entidades vinculadas por relaciones comerciales. También puede abarcar

el tráfico de influencias, la malversación y el uso indebido de patrocinios y donaciones benéficas. Las empresas no deberían, por ejemplo, ofrecer, prometer, dar o exigir, directa o indirectamente, un pago ilícito u otra ventaja indebida para obtener o conservar un negocio u otra ventaja indebida. Las empresas también deberían resistirse a la solicitud de sobornos y a la extorsión. Aunque un conflicto de intereses no es *ipso facto* corrupción, cada vez se reconoce más que los conflictos entre los intereses privados y los deberes públicos de los funcionarios públicos, si no se gestionan adecuadamente, pueden resultar en corrupción. La *Convención para combatir el cohecho de servidores públicos extranjeros en transacciones comerciales internacionales [OECD/LEGAL/0293] (la Convención anticohecho de la OCDE)* entró en vigor el 15 de febrero de 1999. La *Convención anticohecho de la OCDE,* junto con la *Recomendación del Consejo para fortalecer la lucha contra el cohecho de servidores públicos extranjeros en transacciones comerciales internacionales [OECD/LEGAL/0378]* (la *Recomendación anticohecho*), la *Recomendación del Consejo sobre medidas fiscales para fortalecer la lucha contra el cohecho de servidores públicos extranjeros en las transacciones comerciales internacionales [OECD/LEGAL/0371]*, la *Recomendación del Consejo sobre cohecho y créditos oficiales para la exportación [OCDE/LEGAL/0447]* y la *Recomendación del Consejo para los agentes de cooperación para el desarrollo sobre la gestión del riesgo de corrupción [OCDE/LEGAL/0431],* son los principales instrumentos de la OCDE que abordan la corrupción por parte de los funcionarios públicos extranjeros desde el lado de la oferta. En conjunto, estos instrumentos tienen como objetivo eliminar la "oferta" de cohecho a funcionarios públicos extranjeros, asumiendo cada país la responsabilidad de las actividades de sus empresas y de lo que ocurra dentro de su propia jurisdicción[5]. Ha sido establecido un programa de seguimiento riguroso y sistemático de la aplicación por parte de los países de la *Convención anticohecho de la OCDE* y de los instrumentos conexos para promover su plena aplicación. También se abordan otros actos de corrupción y riesgos en materia de integridad en la *Recomendación de la OCDE sobre integridad pública [OECD/LEGAL/0435];* la *Recomendación del Consejo sobre los principios para la transparencia y la integridad de los grupos de presión [OECD/LEGAL/0379];* la *Recomendación del Consejo sobre las directrices de la OCDE para la gestión de conflictos de intereses en la función pública [OECD/LEGAL/0316]* y la *Recomendación del Consejo sobre directrices en materia de lucha contra la corrupción e integridad en las empresas públicas [OECD/LEGAL/0451].*

87. La corrupción perjudica a las instituciones democráticas y a la gobernanza de las *empresas*. Asimismo, desincentiva la inversión y distorsiona las condiciones de la competencia internacional. Más allá del impacto económico, la corrupción puede tener efectos perjudiciales, como, entre otros, socavar la estabilidad mundial, la falta de cumplimiento de los estándares ambientales y los derechos laborales, o el suministro de bienes de calidad inferior. En particular, el desvío de fondos mediante prácticas corruptas socava los intentos de los ciudadanos de alcanzar mayores niveles de bienestar económico, social y ambiental. La corrupción afecta de manera desproporcionada a quienes pertenecen a grupos o poblaciones marginados o en situación de vulnerabilidad y puede exacerbar las desigualdades de género. Las empresas pueden desempeñar un papel importante en la lucha contra estas prácticas al tener en cuenta la interseccionalidad de las formas de discriminación estructural relacionadas, entre otros factores,

---

[5] En la *Convención anticohecho de la OCDE*, el delito de cohecho de servidores públicos extranjeros se define como "...ofrecer, prometer o conceder cualquier ventaja indebida, pecuniaria o de otra índole a un servidor público extranjero, ya sea que lo haga en forma directa o mediante intermediarios, para beneficio de éste o para un tercero, para que ese servidor actúe o se abstenga de hacerlo en relación con el cumplimiento de sus deberes oficiales, con el propósito de obtener o de quedarse con un negocio o de cualquier otra ventaja indebida en el manejo de negocios internacionales". Los comentarios a la *Convención anticohecho de la OCDE* (párrafo 9) aclaran que "los "pagos de facilitación" no constituyen pagos hechos para "obtener o quedarse con negocios o con otra ventaja indebida" dentro del significado del párrafo 1 y, por consiguiente, tampoco son un delito. Esos pagos que en algunos países se hacen para inducir a los servidores públicos a cumplir con sus funciones, como expedir licencias o permisos, en general son ilegales en el país extranjero en cuestión. Los demás países pueden y deberían atacar este fenómeno corrosivo mediante otros recursos, como el apoyo a los programas de buena gobernanza. La *Recomendación antisoborno* (sección XIV.i) recomienda que los gobiernos "se comprometan a revisar periódicamente sus políticas y enfoque sobre los pagos de facilitación para combatir eficazmente este fenómeno".

con la etnia, la raza, el sexo y la orientación sexual, a la hora de establecer controles y programas de ética y cumplimiento.

88. La rectitud, la integridad y la transparencia, tanto en el ámbito público como en el privado, son conceptos clave en la lucha contra el cohecho y otras formas de corrupción. La comunidad empresarial, las organizaciones no gubernamentales, los gobiernos y las organizaciones intergubernamentales deberían cooperar para reforzar el apoyo público a las medidas anticorrupción y mejorar la transparencia y la conciencia pública sobre los problemas de la corrupción y el cohecho. La adopción de prácticas adecuadas de gobierno corporativo es un elemento esencial para fomentar una cultura de la ética en el seno de las empresas.

89. La *Recomendación anticohecho* recomienda, en particular, que los gobiernos insten a sus empresas a desarrollar y adoptar controles internos, programas o medidas de ética y de cumplimiento adecuados con el fin de prevenir y detectar el cohecho en el extranjero, teniendo en cuenta la *Guía de buenas prácticas sobre controles, ética y cumplimiento* que se incluye como anexo II de la *Recomendación anticohecho*. Esta *Guía de buenas prácticas* se dirige a las empresas, incluidas las empresas públicas, así como a las organizaciones empresariales y asociaciones profesionales, y destaca las buenas prácticas para garantizar la eficacia de sus controles internos, programas de ética y de cumplimiento o medidas para prevenir y detectar el cohecho en el extranjero, incluidas las protecciones para los denunciantes. Es flexible y está pensada para ser adaptada por las empresas, en particular las pequeñas y medianas empresas, en función de sus circunstancias individuales, incluido su tamaño, tipo, estructura jurídica y su ubicación geográfico y sector de actividad, así como los principios jurisdiccionales y otros principios jurídicos básicos en virtud de los cuales operan. Además, a efectos de las presentes *Líneas Directrices*, los controles internos, los programas de ética y cumplimiento o las medidas relacionadas con la corrupción deberían incluir también la implementación de la debida diligencia basada en el riesgo, en consonancia con las recomendaciones articuladas en el capítulo II.

90. La acción colectiva y el involucramiento significativo con las organizaciones locales e internacionales de la sociedad civil, las empresas, las asociaciones profesionales y las organizaciones internacionales podrían, asimismo, ayudar a las empresas a perfeccionar el diseño e implementación de unas políticas empresariales anticorrupción más efectivas y a mitigar los riesgos de la corrupción que una empresa no puede mitigar individualmente.

91. La Convención de las Naciones Unidas contra la Corrupción, que entró en vigor el 14 de diciembre de 2005, establece una amplia gama de estándares, medidas y reglas para luchar contra la corrupción. En virtud de esta Convención, los Estados parte deberían prohibir que sus funcionarios reciban cohechos y que sus empresas cohechen a funcionarios públicos nacionales, así como a funcionarios públicos extranjeros y a funcionarios de organizaciones internacionales públicas, y considerar la posibilidad de desautorizar el cohecho entre particulares. La *Convención de las Naciones Unidas contra la corrupción* y la *Convención anticohecho de la OCDE* se apoyan mutuamente y son complementarias.

92. Para abordar el lado de la solicitud del cohecho, las prácticas de buen gobierno corporativo son elementos importantes para prevenir que a las empresas se les pida cohechos. Tanto el gobierno de origen como el de acogida deberían asistir a las empresas que se enfrenten a la solicitud de cohechos u otras formas de corrupción, sensibilizar y formar a los funcionarios públicos competentes, considerar el fomento de iniciativas de acción colectiva con representantes de los sectores público y privado, así como con organizaciones de la sociedad civil y, cuando proceda, emprender acciones coordinadas para abordar la petición y aceptación de cohechos. La *Guía de buenas prácticas para aplicar artículos específicos de la Convención* incluida en el anexo II de la *Recomendación anticohecho* establece que la *Convención anticohecho de la OCDE* debería aplicarse de forma que no proporcione una defensa o excepción cuando el funcionario público extranjero solicite un soborno. Además, la Convención de las Naciones Unidas contra la corrupción exige la penalización de la solicitud de cohecho por parte de funcionarios públicos nacionales.

VIII. Intereses de los consumidores

En sus relaciones con los consumidores, las empresas deberían actuar con arreglo a prácticas comerciales, de marketing y de publicidad justas y deberían adoptar todas las medidas razonables para garantizar la calidad y fiabilidad de los bienes y servicios que ofrecen. En particular, deberían:

1. Garantizar que los bienes y servicios que suministran cumplen todos los estándares acordados o legalmente exigidos en materia de salud y seguridad de los consumidores, incluidos los relativas a advertencias sanitarias e información sobre seguridad, y que no suponen riesgos irrazonables para la salud o la seguridad de los consumidores en caso de uso previsible o en caso de uso inadecuado o mal uso previsible.
2. Proveer información precisa, verificable y clara que sea suficiente para permitir a los consumidores adoptar decisiones informadas, incluida información sobre los precios y, en su caso, el contenido, el uso seguro, las características ambientales, el mantenimiento, el almacenamiento y la eliminación de bienes y servicios, así como la divulgación de las cuestiones pertinentes en materia de comercio electrónico, como las relativas a la privacidad, y la información sobre las opciones de resolución de controversias disponibles y las posibilidades de reparación. La información debería presentarse de forma comprensible y fácilmente accesible utilizando un lenguaje sencillo, teniendo en cuenta al mismo tiempo las necesidades de accesibilidad de los consumidores con discapacidad. En la medida de lo posible, esta información debería proporcionarse de forma que facilite a los consumidores la comparación de productos.
3. Proveer a los consumidores el acceso a mecanismos no judiciales de resolución de controversias y reparación que sean justos, fáciles de usar, oportunos y eficaces, sin costos ni cargas innecesarias.
4. Abstenerse de hacer representaciones u omisiones, o de llevar a cabo cualquier otra práctica que sea engañosa, equívoca, fraudulenta, injusta o que de otro modo influya en la elección de los consumidores de forma que perjudique a los consumidores o a la competencia.
5. Apoyar los esfuerzos para promover la educación de los consumidores en áreas relacionadas con sus actividades empresariales, con el objetivo, entre otros, de mejorar la capacidad de los consumidores para: *i)* tomar decisiones informadas sobre bienes, servicios y mercados complejos, *ii)* comprender mejor el impacto económico, ambiental y social de sus decisiones y *iii)* apoyar el consumo sostenible.
6. Proteger la privacidad de los consumidores velando por que las prácticas empresariales relativas a la recopilación y uso de datos de los consumidores sean legales, transparentes y justas, permitan la participación y elección de los consumidores y tomen todas las medidas razonables para garantizar la seguridad de los datos personales que recopilan, almacenan, procesan o difunden.
7. Cooperar plenamente con las autoridades gubernamentales para prevenir y combatir las prácticas comerciales abusivas o engañosas (incluida la publicidad engañosa y el fraude comercial) y para minimizar o prevenir las amenazas graves para la salud y la seguridad públicas o para el medio ambiente, derivadas del consumo, uso o eliminación de sus bienes y servicios.
8. Tomar en consideración, al aplicar los principios anteriores, *i)* las necesidades de los consumidores, especialmente de aquellos que puedan estar experimentando vulnerabilidad o

desventaja, y *ii)* los retos específicos que el comercio electrónico pueda plantear a los consumidores.

Comentario al Capítulo VIII: Intereses de los consumidores

93. El capítulo de las *Líneas Directrices* dedicado a los intereses de los consumidores se fundamenta en los trabajos del Comité de políticas del consumidor y del Comité de mercados financieros de la OCDE, en los estándares pertinentes de la OCDE en el ámbito de la protección de los consumidores, así como en los trabajos de otras organizaciones, como la Cámara de Comercio Internacional, la Organización Internacional para la Normalización, y las Naciones Unidas, incluido el Programa de las Naciones Unidas para el medio ambiente (es decir, las Directrices de las Naciones Unidas para la protección del consumidor), y en otros instrumentos pertinentes, como el Código en materia de publicidad comercial y mercadotecnia para la publicidad y el marketing responsables, de la Cámara de Comercio Internacional.

94. El capítulo reconoce que la satisfacción de los consumidores y los intereses conexos constituyen una base fundamental para el buen funcionamiento de las empresas. También reconoce que los mercados de consumo de bienes y servicios han experimentado una importante transformación a lo largo de los años. La reforma de la regulación, la mayor apertura de los mercados internacionales, el desarrollo de nuevas tecnologías que han transformado los servicios digitales y financieros, y el crecimiento de los servicios al consumidor, han sido agentes clave del cambio, proporcionando a los consumidores una mayor capacidad de elección y otras ventajas derivadas de una competencia más abierta. Al mismo tiempo, en general, se ha vuelto más difícil para los consumidores comparar y evaluar bienes y servicios debido a la velocidad del cambio y a la mayor complejidad de numerosos mercados. Además, la demografía de los consumidores ha ido cambiando con el tiempo. Los niños son cada vez más importantes en el ámbito comercial, al igual que el creciente número de adultos mayores. Aunque, en general, los consumidores están mejor preparados, muchos aún carecen de las habilidades de cálculo y de alfabetización necesarias en el mercado actual, que es más complejo y con un uso intensivo de la información. Asimismo, muchos consumidores están cada vez más interesados en conocer la posición y las actividades de las empresas en una amplia gama de cuestiones económicas, sociales y ambientales, y en tenerlas en consideración a la hora de elegir bienes y servicios.

95. La introducción alienta a las empresas a aplicar prácticas comerciales, de marketing y publicitarias justas y a garantizar la calidad y fiabilidad de los productos que suministran. Estos principios se aplican tanto a los bienes como a los servicios.

96. El párrafo 1 destaca la importancia de que las empresas cumplan los estándares de salud y seguridad exigidos y que provean a los consumidores información adecuada sobre la salud y seguridad de sus productos.

97. El párrafo 2 se refiere a la divulgación de información. Alienta a las empresas a facilitar información suficiente para que los consumidores puedan tomar decisiones con conocimiento de causa. La forma en que se facilite la información en línea debería ajustarse y adaptarse a los medios de acceso que disponen los consumidores. Esto incluiría información sobre los riesgos financieros asociados a los productos, cuando proceda. Además, en algunos casos las empresas están obligadas por ley a facilitar información que permita a los consumidores comparar directamente bienes y servicios (por ejemplo, precios unitarios). A falta de legislación directa, se alienta a las empresas a que, en sus relaciones con los consumidores, faciliten información que permita comparar bienes y servicios y determinar fácilmente el coste total de un producto. Hay que tener en cuenta que lo que se considera "suficiente" puede cambiar con el tiempo y las empresas deberían estar atentas a estos cambios. Todas las afirmaciones que hagan las empresas sobre sus productos y sobre cuestiones ambientales o sociales deberían basarse en evidencias apropiadas y, en su caso, en pruebas y verificaciones adecuadas. Cualquier alegación que realicen las empresas pueden aplicarse tanto a la forma en que un producto o servicio ha sido producido

como a los atributos del propio producto o servicio. Dado el creciente interés de los consumidores por las cuestiones ambientales y sociales y el consumo sostenible, debería facilitarse información, según proceda, sobre los atributos ambientales o sociales de los productos y servicios. Esto podría incluir información sobre la eficiencia energética y el grado de reciclabilidad, durabilidad y reparabilidad de los productos, los atributos de sostenibilidad de los productos y servicios financieros o, por ejemplo, en el caso de los productos alimentarios, información sobre las prácticas agrícolas o sus atributos nutricionales.

98. Los consumidores tienen cada vez más en cuenta la conducta empresarial a la hora de tomar sus decisiones de compra. Por ello, se alienta a las empresas a que faciliten información sobre las iniciativas que hayan adoptado para integrar las preocupaciones sociales y ambientales en sus operaciones comerciales y para promover de cualquier otro modo el consumo sostenible. En este sentido, es pertinente el capítulo III de las *Líneas Directrices* sobre divulgación de información. Por lo tanto, se alienta a las empresas a comunicar al público sus declaraciones de valor o de conducta empresarial, incluida la información sobre las políticas sociales, éticas y ambientales de la empresa y otros códigos de conducta que ésta suscriba. Se alienta a las empresas a que faciliten esta información en un lenguaje sencillo y a que garanticen la exactitud de cualquier afirmación relativa a los resultados ambientales o sociales. Sería deseable que un número creciente de empresas publique información en estos ámbitos y dirija esta información a los consumidores.

99. El párrafo 3 refleja el lenguaje utilizado en la *Recomendación sobre resolución de disputas y resarcimiento a consumidores [OECD/LEGAL/0356]*. La Recomendación establece un marco para desarrollar enfoques eficaces para abordar las denuncias de los consumidores, incluida una serie de medidas que la industria puede adoptar al respecto. Se señala que los mecanismos que muchas empresas han establecido para resolver las disputas de consumidores han contribuido a aumentar la confianza y la satisfacción de los consumidores. Estos mecanismos pueden ofrecer soluciones más prácticas para las quejas que las acciones judiciales, que pueden resultar costosas, difíciles y exigir mucho tiempo para todas las partes involucradas. Sin embargo, para que estos mecanismos no judiciales sean eficaces, es necesario que los consumidores conozcan acerca de su existencia y se verían beneficiados si se les orientara sobre cómo presentar quejas, especialmente cuando se trata de reclamos relativos a transacciones transfronterizas o multidimensionales.

100. El párrafo 4 se refiere a las prácticas comerciales engañosas, equívocas, fraudulentas y otras prácticas desleales. Dichas prácticas pueden distorsionar los mercados, en detrimento tanto de los consumidores como de las empresas responsables, y deberían ser evitadas.

101. El párrafo 5 se refiere a la educación de los consumidores, que ha adquirido mayor importancia con la creciente complejidad de muchos mercados y productos. Los gobiernos, las organizaciones de consumidores y muchas empresas han reconocido que se trata de una responsabilidad compartida y que pueden desempeñar roles importantes a este respecto. Las dificultades que han experimentado los consumidores a la hora de evaluar productos complejos en el ámbito financiero y en otros ámbitos han destacado la importancia de que las partes interesadas colaboren para promover una educación orientada a mejorar la toma de decisiones de los consumidores.

102. El párrafo 6 se refiere a los datos personales. La creciente recopilación y uso de datos personales por parte de las empresas puede plantear grandes riesgos para la privacidad y el bienestar de los consumidores. Por ello, reviste gran importancia la protección de los datos personales de los consumidores, incluida la seguridad de sus datos.

103. El párrafo 7 destaca la importancia de que las empresas colaboren con las autoridades gubernamentales para ayudar a prevenir y combatir más eficazmente las prácticas de marketing engañosas. También se alienta a la cooperación para reducir o prevenir los riesgos para la salud y la seguridad públicas y para el medio ambiente. Esto incluye los riesgos asociados a la eliminación de bienes, así como a su consumo y uso. Ello refleja el reconocimiento de la importancia de considerar y

gestionar los riesgos para la seguridad de los productos a lo largo de toda su vida útil, en particular en las etapas de diseño, fabricación, distribución, uso y eliminación.

104. El párrafo 8 alienta a las empresas a tener en cuenta la situación de los consumidores vulnerables o desfavorecidos a la hora de comercializar bienes y servicios. Se entiende por consumidores desfavorecidos o vulnerables a aquellos consumidores particulares o a categorías de consumidores que, debido a características o circunstancias personales (como la edad, la capacidad mental o física, la educación, los ingresos, el idioma o la ubicación remota), pueden encontrar dificultades particulares para operar en los mercados actuales, globalizados y que hacen un uso intensivo de la información. El párrafo también destaca la creciente importancia del comercio móvil y otras formas de comercio electrónico en los mercados mundiales. Los beneficios que aporta este tipo de comercio son significativos y van en aumento. Pero también existen riesgos para los consumidores. Los gobiernos han dedicado mucho tiempo a examinar formas de garantizar una protección transparente y eficaz para los consumidores, que no sea menor en el caso del comercio electrónico que el nivel de protección ofrecido en formas más tradicionales de comercio. Por lo tanto, es importante que las empresas tomen medidas para reducir los riesgos del comercio electrónico, de modo que el nivel de protección no sea inferior al que se ofrece en las formas más tradicionales de comercio.

IX. Ciencia, tecnología e innovación

La investigación científica y la innovación tecnológica han impulsado la productividad en todos los sectores, así como la capacidad de las empresas para llevar a cabo la debida diligencia y contribuir al desarrollo sostenible. Las empresas deberían, según corresponda, contribuir al desarrollo de la capacidad innovadora local y nacional. En el contexto del desarrollo, la financiación, la venta, la concesión de licencias, el comercio y el uso de tecnología, incluida la recopilación y el uso de datos, así como la investigación científica y la innovación, las empresas deberían observar las *Líneas Directrices* y cumplir con la legislación y los requisitos nacionales aplicables, incluidos los relativos a la privacidad y protección de datos y a las regulaciones de control de exportaciones. En particular, las empresas deberían:

1. Llevar a cabo la debida diligencia basado en el riesgo, como se describe en el capítulo II, con respecto a los impactos negativos reales y potenciales relacionados con la ciencia, la tecnología y la innovación.
2. Adoptar, siempre que sea posible en el curso de sus actividades empresariales, prácticas que permitan la transferencia voluntaria, segura y eficaz de tecnología y de conocimientos técnicos en condiciones mutuamente acordadas, así como mejorar el acceso y el intercambio de datos para fomentar los descubrimientos científicos y las innovaciones, teniendo debidamente en cuenta la protección de los derechos de propiedad intelectual, las obligaciones de confidencialidad, la privacidad, la protección de los datos personales, los controles de exportación y los principios de no discriminación.
3. Cuando corresponda, realizar actividades de desarrollo científico y tecnológico en los países anfitriones para abordar las necesidades del mercado local, así como emplear personal del país anfitrión en actividades de desarrollo científico y tecnológico, y fomentar y apoyar su formación, teniendo en cuenta la integridad, la seguridad y las necesidades comerciales.
4. Cuando concedan licencias para el uso de derechos de propiedad intelectual o cuando transfieran tecnología de forma voluntaria, hacerlo en términos y condiciones mutuamente acordados, con las salvaguardias apropiadas para prevenir y mitigar impactos negativos, y de una manera que contribuya a las perspectivas de desarrollo sostenible a largo plazo del país anfitrión y respetando las regulaciones de control de las exportaciones.
5. Cuando sea pertinente para los objetivos comerciales, desarrollar vínculos con instituciones locales de educación superior e instituciones públicas de investigación y participar en proyectos de investigación en cooperación con la industria local o las asociaciones industriales, incluidas las pequeñas y medianas empresas y las organizaciones de la sociedad civil. Esta cooperación debería tener en cuenta la gestión eficaz de los riesgos, las consideraciones éticas, las preocupaciones de seguridad nacional, la legislación aplicable, y las consideraciones de las partes interesadas. También debería reconocer el valor de la ciencia abierta y respetar las garantías para preservar la libertad académica, así como la autonomía científica y de investigación.
6. Al recopilar, compartir y usar datos, mejorar la transparencia de los acuerdos de acceso e intercambio de datos, y alentar la adopción, a lo largo de todo el ciclo de valor de los datos, de prácticas de gobierno de datos responsables que cumplan con los estándares y obligaciones que resulten aplicables, ampliamente reconocidos o aceptados entre los Adherentes a las *Líneas*

Directrices, incluidos los códigos de conducta, los principios éticos, las reglas sobre manipulación y coacción de los consumidores, y las normas de privacidad y protección de datos.

7. Apoyar, según corresponda a sus circunstancias, los esfuerzos de cooperación en los foros apropiados para promover un internet abierto, gratuito, global, interoperable, confiable, accesible, asequible, seguro y resiliente, incluyendo el respeto de la libertad de expresión, de la reunión pacífica y de asociación en línea, y en consonancia con los ámbitos cubiertos por las *Líneas Directrices*.

Comentario al Capítulo IX: Ciencia, tecnología e innovación

105. El desarrollo, la concesión de licencias, la venta, el comercio y el uso de la tecnología tienen un profundo impacto en los ámbitos cubiertos por las *Líneas Directrices*, incluidos el desarrollo sostenible, los derechos humanos, la participación económica, la calidad de la democracia, la cohesión social, el cambio climático, el panorama empresarial y laboral mundial y la dinámica del mercado. La investigación científica y la innovación tecnológica han impulsado la productividad en todos los sectores, así como la capacidad de las empresas para llevar a cabo la debida diligencia y contribuir al desarrollo sostenible, pero también pueden estar asociadas con desafíos e impactos negativos.

106. Dada la naturaleza evolutiva de este tema y el hecho de que abarca múltiples cuestiones, el alcance de este capítulo pretende ser amplio e inclusivo para garantizar su continua relevancia en relación con los riesgos asociados con los futuros desarrollos de la ciencia, la tecnología y la innovación.

107. En una economía globalizada y basada en el conocimiento, la capacidad de acceder y utilizar la tecnología, los datos y los conocimientos técnicos es esencial para mejorar el rendimiento de las empresas. Este acceso también es importante para que se materialicen los efectos del progreso tecnológico en toda la economía, incluido el crecimiento de la productividad y la creación de empleo, en el contexto del desarrollo sostenible[6]. Las empresas multinacionales son un conducto importante para la transferencia de tecnología a través de las fronteras. Pueden contribuir a la capacidad nacional de innovación de sus países anfitriones generando, difundiendo e incluso permitiendo el uso de nuevas tecnologías por parte de empresas e instituciones nacionales. Las actividades de investigación y desarrollo de las empresas multinacionales y las inversiones en nuevas tecnologías, cuando están bien conectadas con el sistema nacional de innovación, pueden ayudar a mejorar el progreso económico y social en sus países anfitriones. A su vez, el desarrollo de un sistema de innovación dinámico en el país anfitrión amplía las oportunidades comerciales para las empresas multinacionales.

108. De este modo, el capítulo tiene como objetivo promover la difusión, por parte de las empresas multinacionales, de los frutos de las actividades de investigación y desarrollo entre los países en los que operan, contribuyendo así a las capacidades innovadoras de los países anfitriones, dentro de los límites impuestos por la viabilidad económica, las preocupaciones de competitividad y en consonancia con las obligaciones en materia de privacidad, protección de datos, seguridad, protección de la propiedad intelectual y confidencialidad. En este sentido, fomentar la difusión de tecnología puede incluir la comercialización de productos y servicios que incorporen nuevas tecnologías, la concesión de licencias para la innovación de procesos, la contratación y capacitación de personal científico y tecnológico, y el desarrollo de iniciativas de cooperación en materia de investigación y desarrollo. Al vender o conceder licencias de tecnología, no solo deberían acordarse mutuamente los términos y condiciones negociados, sino que las empresas multinacionales deberían igualmente tener en cuenta los impactos a largo plazo

[6] El apartado 7 se entenderá sin perjuicio de las posiciones mantenidas por los gobiernos en el ámbito del comercio electrónico en la Organización Mundial del Comercio (OMC). No se pretende ignorar otros intereses importantes de orden público que pueden estar relacionados con el uso de Internet y que habría que tener en cuenta. Algunos países se han referido a este respecto a la Agenda de Túnez para la sociedad de la información de 2005.

de la tecnología en el desarrollo, el medio ambiente y la sociedad. En sus actividades, las empresas multinacionales pueden establecer y mejorar la capacidad innovadora de sus filiales internacionales, subcontratistas y otras entidades con las que tengan relaciones comerciales. Además, las empresas multinacionales pueden llamar la atención sobre la importancia de la infraestructura científica y tecnológica local, tanto física como institucional. En este sentido, las empresas multinacionales pueden contribuir de manera útil a que los gobiernos de los países anfitriones formulen marcos de políticas públicas que favorezcan el desarrollo de sistemas de innovación dinámicos.

109. Por "ciencia" se entiende, entre otras cuestiones, la investigación y la exploración. El término "tecnología" se entiende como la tecnología digital, la tecnología no digital y los servicios digitales, así como los ecosistemas digitales que facilitan su desarrollo y su uso. Por "innovación" se entiende el proceso de desarrollo de un producto, servicio o proceso nuevo o mejorado con la intención de ponerlo a disposición de potenciales usuarios o al uso en el seno de la empresa.

110. El término "datos" designa, al igual que en las Recomendaciones pertinentes de la OCDE, la información registrada en formatos estructurados o no estructurados, incluidos texto, imágenes, sonido y vídeo. La innovación basada en los datos y la ciencia basada en el procesamiento intensivo de datos son extremadamente prometedoras para abordar los grandes retos de la sociedad. Las iniciativas de ciencia abierta y el acceso a los datos han tenido efectos de gran alcance en la reproducibilidad de los resultados científicos, la difusión del conocimiento en la sociedad, la cooperación interdisciplinaria, la eficiencia en el uso de los recursos, la productividad y la competitividad. Los flujos transfronterizos de datos son fundamentales para apoyar el comercio internacional y el intercambio de información y de conocimientos con el fin de superar las brechas digitales y el desarrollo sostenible. El párrafo 2 refuerza estos beneficios, pero también reconoce los riesgos de robo, así como el intercambio y uso irresponsable de datos que pueden socavar la privacidad individual y pueden plantear riesgos potenciales para la seguridad nacional. Se alienta a las empresas que operan en el ecosistema de datos, incluidos los titulares de datos, los productores de datos y los intermediarios de datos, tal como se define en la *Recomendación sobre la mejora del acceso y el intercambio de datos [OCDE/LEGAL/0463]*, a considerar las recomendaciones sobre el acceso, el intercambio y el uso responsable de los datos como se describe en dicha Recomendación, que busca garantizar la implementación de medidas de gestión de riesgos a lo largo del ciclo de valor de los datos, incluidas las medidas necesarias para proteger la confidencialidad, la integridad, la seguridad y la disponibilidad de los datos, particularmente en el contexto de la gestión de datos biológicos como el ADN, y al divulgar datos a las autoridades encargadas de la aplicación de la ley y otras entidades gubernamentales.

111. De conformidad con el párrafo 4, se espera que las expectativas hacia las empresas sean proporcionales para evitar términos y condiciones que resulten en consecuencias no deseadas. Las empresas deberían además esforzarse por identificar las situaciones en las que determinados agentes pueden tratar de beneficiarse de la transferencia de tecnología con el fin de hacer un uso indebido de la tecnología civil.

112. De conformidad con el capítulo II, la naturaleza y el alcance de la debida diligencia para los impactos negativos relacionados con la ciencia, la tecnología y la innovación dependerán de las circunstancias de cada situación concreta e implicarán una priorización basada en el riesgo. También deberían tenerse en cuenta las circunstancias conocidas o razonablemente previsibles relacionadas con el uso del producto o servicio prestado de conformidad con su finalidad prevista, o en condiciones de uso indebido o mal uso razonablemente previsibles, que puedan dar lugar a impactos negativos.

113. Las empresas implicadas en el desarrollo de nuevas tecnologías o de nuevas aplicaciones de herramientas existentes deberían prever en la medida de lo posible y, según proceda, abordar los desafíos éticos, jurídicos, laborales, sociales y ambientales planteados por las nuevas tecnologías, al tiempo que promueven la innovación responsable y entablan un diálogo y un intercambio de información con las autoridades reguladoras locales y los representantes de los trabajadores. Además de las

recomendaciones de las *Líneas Directrices* y como apoyo a su aplicación, se alienta a las empresas a tener en cuenta las orientaciones disponibles sobre el proceso de innovación, incluidas las normas pertinentes de la OCDE en el ámbito de la inteligencia artificial y la neurotecnología, entre ellas la *Recomendación sobre inteligencia artificial [OCDE/LEGAL/0449]* y la *Recomendación sobre innovación responsable en neurotecnología [OCDE/LEGAL/0457]*.

114. La seguridad digital es una responsabilidad compartida entre todas las partes interesadas, incluidas las empresas, los clientes y los gobiernos. Los incidentes de seguridad digital, como el acceso no autorizado a sistemas o programas informáticos, las cuentas comprometidas, la pérdida o el robo de datos, o la interferencia con los recursos informáticos, pueden perjudicar a las empresas, a los gobiernos y a los particulares al socavar la disponibilidad, integridad y/o confidencialidad de sus datos, sistemas de información y redes. Las empresas deberían llevar a cabo una gestión de riesgos de seguridad digital de forma coherente con los demás capítulos de las *Líneas Directrices*. Los principios de privacidad por diseño, el uso de un cifrado fuerte, los protocolos de gestión de permisos y accesos y otras buenas prácticas pueden reducir las amenazas y mitigar los daños. Las empresas también deberían tener en cuenta las normas pertinentes de la OCDE en materia de datos.

115. En todas las actividades relativas a la participación de los niños y jóvenes en el entorno digital o a su vinculación con éste, las empresas deberían tener en cuenta, según proceda, el interés superior del niño como consideración primordial y, en su debida diligencia, determinar cómo pueden respetarse los derechos de los niños y jóvenes y cómo puede protegerse y promoverse su bienestar en el entorno digital, y adoptar las medidas adecuadas para hacerlo de conformidad con la *Recomendación sobre los niños en el entorno digital [OECD/LEGAL/0389]* y las *Líneas directrices de la OCDE para proveedores de servicios digitales*.

X. Competencia

Las empresas deberían:

1. Llevar a cabo sus actividades de forma coherente con todas las leyes y regulaciones de competencia aplicables, teniendo en cuenta la legislación en materia de competencia de todas las jurisdicciones en las que sus actividades puedan tener efectos anticompetitivos.

2. Abstenerse de celebrar o llevar a cabo acuerdos anticompetitivos entre competidores, incluidos acuerdos para:

a) fijar precios;

b) hacer ofertas amañadas (colusión entre oferentes);

c) establecer restricciones o cuotas de producción; o

d) compartir o dividir mercados mediante la asignación de clientes, proveedores, territorios o líneas de actividad.

3. Cooperar con las autoridades encargadas de realizar investigaciones en materia de competencia para, entre otras cosas y con sujeción a la legislación aplicable y las salvaguardias apropiadas, responder de la forma más rápida y completa posible a las solicitudes de información y considerando el uso de los instrumentos disponibles, tales como declaraciones de renuncia al derecho a la confidencialidad cuando corresponda. a fin de promover una cooperación eficaz y eficiente entre las autoridades encargadas de conducir las investigaciones.

4. Realizar con regularidad actividades de sensibilización entre los empleados sobre la importancia de cumplir todas las leyes y regulaciones aplicables en materia de competencia y, en particular, proporcionar formación a la alta dirección de la empresa en relación con las cuestiones de competencia.

Comentario al Capítulo X: Competencia

116. Estas recomendaciones enfatizan la importancia de la legislación y las regulaciones en materia de competencia para el funcionamiento eficiente de los mercados nacionales e internacionales y reafirman la importancia del cumplimiento de esas leyes y regulaciones por parte de las empresas nacionales y multinacionales. También buscan asegurar que todas las empresas conozcan la evolución de los temas relacionados con el alcance, los recursos y las sanciones previstas en las leyes de competencia y el grado de cooperación entre las autoridades en la materia. El término "derecho de la competencia" se utiliza para referirse a las leyes, incluidas las leyes "de defensa de la competencia" y "antimonopolio", que prohíben de diversas formas: a) los acuerdos anticompetitivos; b) el abuso de poder de mercado o de posición dominante; c) la adquisición de poder de mercado o de posición dominante por medios distintos al desempeño eficiente; o d) la disminución sustancial de la competencia o la obstaculización significativa de la competencia efectiva a través de fusiones o adquisiciones.

117. En general, las leyes y políticas públicas en materia de competencia prohíben: a) los cárteles intrínsecamente nocivos; b) otros acuerdos anticompetitivos; c) las conductas anticompetitivas que exploten o amplíen la posición dominante o el poder de mercado; y d) las fusiones y adquisiciones anticompetitivas. Según la *Recomendación relativa a una acción eficaz contra los cárteles intrínsecamente*

nocivos [OCDE/LEGAL/0452], los acuerdos anticompetitivos mencionados en el apartado a) constituyen cárteles intrínsecamente nocivos, pero la Recomendación incorpora diferencias entre las legislaciones de los países miembros, incluidas diferencias en las exenciones o disposiciones de las legislaciones que permiten una excepción o autorización para una actividad que de otro modo podría estar prohibida. Las recomendaciones de estas *Líneas Directrices* no sugieren que las empresas renuncien a acogerse a dichas exenciones o disposiciones legales. Las categorías b) y c) son más generales porque los efectos de otros tipos de acuerdos y de conductas unilaterales son más ambiguos y existe menos consenso sobre lo que debería considerarse anticompetitivo.

118. El objetivo de las políticas públicas en materia de competencia es contribuir al bienestar general y al crecimiento económico mediante la promoción de condiciones de mercado en las que la naturaleza, la calidad y el precio de los bienes y servicios estén determinados por las fuerzas competitivas del mercado. Además de beneficiar a los consumidores y a la economía en su conjunto de una jurisdicción, un entorno tan competitivo recompensa a las empresas que responden de manera eficiente a la demanda de los consumidores. Las empresas pueden contribuir a este proceso brindando información y asesoramiento cuando los gobiernos están considerando leyes y políticas públicas que podrían reducir la eficiencia o reducir de otro modo la competitividad de los mercados.

119. Las empresas deberían ser conscientes de que se siguen promulgando leyes en materia de competencia y que cada vez es más frecuente que dichas leyes prohíban las actividades anticompetitivas que tienen lugar en el extranjero si tienen un impacto perjudicial en los consumidores locales. Además, el comercio y la inversión transfronterizos hacen más probable que las conductas anticompetitivas que tienen lugar en una jurisdicción tengan efectos perjudiciales en otras jurisdicciones. Por lo tanto, las empresas deberían tener en cuenta tanto la legislación del país en el que operan como la legislación de todos los países en los que es probable que se sientan los efectos de su conducta.

120. Por último, las empresas deberían reconocer que las autoridades en materia de competencia están cooperando más y de manera más estrecha en la investigación y la lucha contra las actividades anticompetitivas. Para información general se pueden consultar los estándares pertinentes de la OCDE sobre políticas públicas en materia de competencia. Cuando las autoridades en materia de competencia de varias jurisdicciones están examinando una misma conducta, la ayuda por parte de las empresas para facilitar la cooperación entre estas autoridades promueve una toma de decisiones coherente y sólida, así como soluciones competitivas, al tiempo que permite ahorrar costes a gobiernos y empresas.

121. Si bien las empresas y las iniciativas de colaboración en las que participan deberían tomar medidas proactivas para comprender las cuestiones de la legislación en materia de competencia en su jurisdicción y evitar actividades que puedan representar una infracción de la legislación en materia de competencia, las iniciativas confiables de conducta empresarial responsable no están inherentemente en tensión con los propósitos de la legislación en materia de competencia y, por lo general, la colaboración en tales iniciativas no infringirá dichas leyes.

122. En función del contexto nacional, las empresas pueden estar sujetas a la legislación en materia de competencia cuando compran mano de obra de los trabajadores de manera similar a cuando compran otros bienes y servicios. En estos casos, se pueden aplicar sanciones severas si existe colusión entre empleadores sobre salarios (fijación de salarios) y prácticas de contratación (como acuerdos de no captación de empleados y de no contratación). En consecuencia, las empresas deberían asegurarse de cumplir con las leyes aplicables en sus políticas de contratación y empleo, y al planificar fusiones y adquisiciones.

XI. Cuestiones tributarias

1. Es importante que las empresas contribuyan a las finanzas públicas de los países anfitriones mediante el pago oportuno de sus responsabilidades tributarias. En particular, las empresas deberían cumplir con la letra y el espíritu de las leyes y regulaciones fiscales de los países en los que operan. Cumplir con el espíritu de la ley significa discernir y atender a la intención del legislador. No requiere que una empresa realice pagos por encima de la cantidad legalmente requerida conforme a tal interpretación. El cumplimiento de las obligaciones tributarias incluye medidas tales como proporcionar a las autoridades competentes información oportuna que sea pertinente o requerida por la ley a efectos de la correcta determinación de los impuestos que deberían liquidarse en relación con sus operaciones y adecuar las prácticas en materia de precios de transferencia al principio de plena competencia.
2. Las empresas deberían tratar la gobernanza fiscal y el cumplimiento de las obligaciones tributarias como elementos importantes de sus sistemas más amplios de supervisión y gestión de riesgos. En particular, los consejos de administración de las empresas deberían adoptar estrategias de gestión del riesgo fiscal para garantizar que los riesgos financieros, regulatorios y reputacionales asociados con los impuestos sean identificados y evaluados en su totalidad.

Comentario al Capítulo XI: Cuestiones tributarias

123. La ciudadanía corporativa en el área tributaria implica que las empresas deberían cumplir con la letra y el espíritu de las leyes y regulaciones fiscales en todos los países en los que operan, cooperar con las autoridades, y poner a su disposición la información pertinente o exigida por la ley. Una empresa respeta el espíritu de las leyes y regulaciones fiscales si adopta medidas razonables para determinar la intención del legislador e interpreta esas normas tributarias de forma coherente con esa intención, a la luz del lenguaje legal y de los antecedentes legislativos pertinentes y contemporáneos. Las transacciones no deberían estructurarse para obtener resultados fiscales que no sean coherentes con las consecuencias económicas subyacentes de la transacción, a menos que exista legislación específica diseñada para dar ese resultado. En este caso, la empresa debería tener motivos razonables para creer que la transacción está estructurada de forma tal que genera un resultado fiscal para la empresa que no es contrario a las intenciones del legislador.

124. El cumplimiento de las obligaciones tributarias también implica la cooperación con las autoridades fiscales y el suministro de la información que requieren para garantizar una aplicación efectiva y equitativa de la legislación fiscal. Dicha cooperación debería incluir la respuesta oportuna y completa a las solicitudes de información realizadas por una autoridad competente, en virtud de las disposiciones de un tratado fiscal o de un acuerdo de intercambio de información. Sin embargo, este compromiso de proporcionar información no está exento de limitaciones. En particular, las *Líneas Directrices* establecen un vínculo entre la información que debería proporcionarse y su relevancia para el cumplimiento de las leyes fiscales aplicables. De este modo, se reconoce la necesidad de equilibrar la carga que supone para las empresas el cumplimiento de las leyes fiscales aplicables y la necesidad de que las autoridades fiscales tengan información completa, oportuna y precisa que les permita hacer cumplir sus leyes fiscales.

125. El compromiso de las empresas con la cooperación, la transparencia y el cumplimiento de las obligaciones tributarias debería reflejarse en los sistemas, estructuras y políticas de gestión de riesgos. En el caso de empresas estructuradas como sociedades, los consejos de administración están en condiciones de supervisar el riesgo fiscal de varias maneras. Por ejemplo, los consejos de administración deberían desarrollar de manera proactiva principios apropiados de política fiscal, así como establecer sistemas de control fiscal internos para que las acciones de la dirección sean coherentes con las opiniones del consejo de administración con respecto al riesgo fiscal. El consejo de administración debería estar informado sobre todos los riesgos fiscales potencialmente relevantes y debería asignarse la responsabilidad de realizar las tareas de control fiscal interno y de informar al consejo de administración. Una estrategia integral de gestión de riesgos que incluya la dimensión fiscal permitirá a la empresa no solo actuar como un buen ciudadano corporativo, sino también gestionar eficazmente el riesgo fiscal, lo que puede servir para evitar importantes riesgos financieros, regulatorios y de reputación para una empresa.

126. La transparencia fiscal favorece la integridad del sistema fiscal de un país y es una forma importante de garantizar y demostrar que las empresas cumplen con la letra y el espíritu de las leyes fiscales. Un miembro de un grupo multinacional implantado en un país puede tener amplias relaciones económicas con otros miembros del mismo grupo multinacional implantados en otros países. Tales relaciones pueden afectar la responsabilidad tributaria de cada una de las partes. En consecuencia, las autoridades fiscales pueden necesitar información externa a su jurisdicción para poder evaluar esas relaciones y determinar la responsabilidad tributaria del miembro del grupo multinacional en su jurisdicción. Una vez más, la información a proporcionar se limita a lo que es pertinente o exigido por la ley para la evaluación propuesta de esas relaciones económicas con el fin de determinar las responsabilidades tributarias correctas del miembro del grupo multinacional. Las empresas multinacionales deberían cooperar en proporcionar esa información. Varias de las acciones del proyecto *Marco inclusivo sobre la erosión de la base imponible y el traslado de beneficios (BEPS) de la OCDE y el G20* tienen por objeto mejorar la transparencia, como la preparación y el intercambio de informes país por país (Acción 13 del BEPS), el intercambio espontáneo de información relevante con carácter obligatorio de acuerdos sobre un contribuyente específico (Acción 5 del BEPS), y las normas de declaración obligatoria relativas a la planificación fiscal agresiva (Acción 12 del BEPS).

127. Los precios de transferencia son un tema particularmente importante desde el punto de vista de la ciudadanía corporativa y la tributación. El drástico aumento del comercio mundial y la inversión directa transfronteriza (y el importante papel que desempeñan en dicho comercio e inversión las empresas multinacionales) significa que los precios de transferencia son un factor determinante de las responsabilidades tributarias de los miembros de un grupo multinacional, ya que influyen de manera relevante en la división de la base imponible entre los países en los que opera la empresa multinacional. El principio de plena competencia que se incluye tanto en el Modelo de convenio tributario de la OCDE como en el Modelo de convenio de las Naciones Unidas sobre la doble tributación entre países desarrollados y países en desarrollo es el estándar internacionalmente aceptado para repartir los beneficios entre empresas asociadas. La aplicación del principio de plena competencia evita la transferencia indebida de beneficios o pérdidas y minimiza los riesgos de doble imposición. Su correcta aplicación requiere que las empresas multinacionales cooperen con las autoridades fiscales y proporcionen toda la información que sea relevante o exigida por la ley en relación con la selección del método de fijación de precios de transferencia adoptado para las transacciones internacionales realizadas por ellas y la parte asociada. Se reconoce que a menudo resulta difícil tanto para las empresas multinacionales como para las administraciones tributarias, determinar si los precios de transferencia cumplen con el estándar (o principio) de plena competencia y que su aplicación no es una ciencia exacta.

128. El Comité de Asuntos Fiscales de la OCDE trabaja continuamente para desarrollar recomendaciones para garantizar que los precios de transferencia reflejen el principio de plena competencia. Su trabajo dio lugar a la publicación en 1995 de las *Directrices de la OCDE aplicables en*

materia de precios de transferencia a empresas multinacionales y administraciones tributarias (Directrices de la OCDE sobre precios de transferencia), que fueron objeto de la *Recomendación sobre la determinación de los precios de transferencia entre empresas asociadas [OCDE/LEGAL/0279]* (los miembros de un grupo multinacional suelen ser definidos como empresas asociadas). Las *Directrices de la OCDE sobre precios de transferencia* son actualizadas de manera continua para reflejar los cambios en la economía global y las experiencias de las administraciones tributarias y los contribuyentes que lidian con los precios de transferencia. Es importante destacar que la Recomendación del Consejo fue revisada en 2017 para reflejar la aprobación por parte del Consejo del paquete BEPS, para reforzar el impacto y la relevancia de las *Directrices de la OCDE sobre precios de transferencia* más allá de los miembros de la OCDE y para brindar mayor claridad y seguridad jurídica a los gobiernos y contribuyentes sobre el estado de las futuras revisiones de las Directrices sobre Precios de Transferencia, favoreciendo su implementación oportuna. El principio de plena competencia tal como se aplica a la atribución de beneficios de los establecimientos permanentes a efectos de la determinación de los derechos de imposición de un país anfitrión en virtud de un tratado fiscal, fue objeto de una Recomendación del Consejo de la OCDE adoptada en 2008.

129. Las *Directrices de la OCDE sobre precios de transferencia* se centran en la aplicación del principio de plena competencia para evaluar los precios de transferencia de las empresas asociadas. Tienen como objetivo ayudar a las administraciones tributarias (tanto de los países miembros de la OCDE como de los países no miembros) y a las empresas multinacionales indicando soluciones mutuamente satisfactorias para los casos de precios de transferencia, minimizando así los conflictos entre las administraciones tributarias y entre éstas y las empresas multinacionales, al tiempo que se evitan litigios costosos. Se alienta a las empresas multinacionales a seguir las *Directrices de la OCDE sobre precios de transferencia,* revisadas y complementadas, para garantizar que sus precios de transferencia reflejen el principio de plena competencia.

130. La coherencia y uniformidad de la arquitectura fiscal internacional que se aplica a los grupos de empresas multinacionales fue reforzada más ampliamente a través del Proyecto BEPS de la OCDE y el G20. En particular, el *Convenio multilateral para aplicar las medidas relacionadas con los tratados fiscales para prevenir la erosión de las bases imponibles y el traslado de beneficios [OCDE/LEGAL/0432]* facilita la implementación de una serie de medidas para abordar la elusión fiscal y mejorar la coherencia de las normas tributarias internacionales, incluidos los estándares mínimos para la evitar el abuso de los tratados y mejorar la resolución de disputas. El éxito de este sistema se basa en una red de relaciones positivas, de cooperación y reciprocidad.

Parte II: Procedimientos de implementación de las Líneas Directrices de la OCDE para Empresas Multinacionales sobre Conducta Empresarial Responsable

Decisión del Consejo sobre las Líneas Directrices para Empresas Multinacionales sobre Conducta Empresarial Responsable

EL CONSEJO,

CONSIDERANDO el artículo 5 a) de la *Convención sobre la Organización para la Cooperación y el Desarrollo Económicos* del 14 de diciembre de 1960;

CONSIDERANDO la *Declaración de la OCDE sobre inversión internacional y empresas multinacionales* (la "Declaración") *[OCDE/LEGAL/0144]*, en la cual los Miembros y no Miembros Adherentes ("Adherentes") recomiendan conjuntamente a las empresas multinacionales que operan en o desde sus territorios la observancia de las *Líneas Directrices para Empresas Multinacionales sobre Conducta Empresarial Responsable* (las "*Líneas Directrices*");

RECONOCIENDO que, dado que las operaciones de las empresas multinacionales se extienden por todo el mundo, la cooperación internacional en cuestiones relacionadas con la Declaración debería extenderse a todos los países;

CONSIDERANDO que es deseable mejorar los procedimientos mediante los cuales se pueden realizar consultas sobre los ámbitos cubiertos por estas *Líneas Directrices* y promover su eficacia;

A propuesta del Comité de inversiones:

DECIDE:

I. Puntos nacionales de contacto para la conducta empresarial responsable

1. Los Adherentes establecerán Puntos nacionales de contacto para la conducta empresarial responsable (PNC) para promover la eficacia de las *Líneas Directrices*. Los PNC tendrán las siguientes responsabilidades:

a) Promover el conocimiento y la adopción de las *Líneas Directrices*, incluyendo respuestas a consultas;

b) Contribuir a la resolución de las cuestiones que surjan en relación con la implementación de las *Líneas Directrices* en instancias específicas.

Además, cuando corresponda y en coordinación con las entidades gubernamentales pertinentes, los PNC también pueden brindar apoyo a los esfuerzos de sus gobiernos para desarrollar, implementar y fomentar la coherencia de políticas públicas para promover la conducta empresarial responsable.

La comunidad empresarial, las organizaciones de trabajadores, otras organizaciones no gubernamentales y otras partes interesadas serán informadas de la disponibilidad de los PNC.

2. Los PNC de los diferentes Adherentes cooperarán, si surge la necesidad, en cualquier asunto relacionado con las *Líneas Directrices* que sea relevante para sus actividades. Como regla general, deberían iniciarse discusiones a nivel nacional antes de establecer contacto con otros PNC.

3. Los PNC se reunirán periódicamente para compartir experiencias e informar al Comité de inversiones.

4. Los Adherentes pondrán a disposición de sus PNC los recursos humanos y financieros necesarios para que puedan cumplir eficazmente con sus responsabilidades de forma que se satisfagan plenamente los criterios de eficacia descritos en los Procedimientos adjuntos a la presente Decisión, teniendo en cuenta la capacidad y las prácticas presupuestarias internas.

5. Los Adherentes llevarán a cabo revisiones de pares periódicas de sus PNC, de acuerdo con las metodologías adoptadas por el Grupo de trabajo sobre conducta empresarial responsable (WPRBC, por sus siglas en inglés).

II. El Comité de inversiones y el Grupo de trabajo sobre conducta empresarial responsable

1. El Comité de inversiones ("el Comité") supervisará la implementación de la Declaración sobre inversión internacional y empresas multinacionales. El WPRBC asistirá al Comité en la implementación de la sección I de la Declaración con respecto a sus responsabilidades en relación con las *Líneas Directrices.*

2. El Comité mantendrá periódicamente, o a solicitud de un Adherente, intercambios de opinión sobre los ámbitos cubiertos por las *Líneas Directrices* y la experiencia adquirida en su aplicación. El Comité invitará periódicamente Business at OECD (BIAC), al Comité Consultivo Sindical de la OCDE (TUAC) (los "órganos a consultivos") y a OECD Watch, así como a otros socios internacionales a expresar sus opiniones sobre los ámbitos cubiertos por las *Líneas Directrices*. Asimismo, podrán mantenerse intercambios de opinión en relación con dichos ámbitos si así lo solicitaran.

3. El Comité entablará relaciones con los no Adherentes respecto de los ámbitos cubiertos por las *Líneas Directrices* con el fin de promover conductas empresariales responsables en todo el mundo de acuerdo con las *Líneas Directrices* y crear igualdad de condiciones. Asimismo, procurará cooperar con los no Adherentes que tengan un interés especial en las *Líneas Directrices* y en la promoción de los principios y normas en ellas establecidos.

4. El Comité será responsable de toda aclaración respecto de las *Líneas Directrices*. Las partes involucradas en una instancia específica que hubiera dado lugar a una solicitud de aclaración tendrán la oportunidad de expresar sus opiniones ya sea en forma oral o por escrito. El Comité se abstendrá de emitir conclusiones sobre la conducta de empresas específicas.

5. El Comité mantendrá intercambios de opinión sobre las actividades de los PNC con miras a mejorar la eficacia de las *Líneas Directrices* y fomentar la equivalencia funcional de los PNC.

6. El Comité informará periódicamente al Consejo sobre los ámbitos cubiertos por las *Líneas Directrices*. En sus informes, el Comité tendrá en cuenta los informes de los PNC y las opiniones expresadas por los órganos consultivos (BIAC y TUAC), OECD Watch, otros socios internacionales y otros no Adherentes, según corresponda.

7. El Comité, en cooperación con los PNC, promoverá proactivamente la observancia efectiva por parte de las empresas de los principios y normas contenidos en las *Líneas Directrices*. En particular,

buscará oportunidades para colaborar con los órganos consultivos (BIAC y TUAC), OECD Watch, otros socios internacionales y otras partes interesadas con el fin de fomentar las contribuciones positivas por parte de las empresas multinacionales, en el contexto de las *Líneas Directrices*, al progreso económico, ambiental y social con miras a lograr el desarrollo sostenible, y para ayudar a identificar y responder a los riesgos de impactos negativos asociados con productos, regiones, sectores o industrias particulares.

III. Implementación y revisión de la Decisión

1. Los Procedimientos adjuntos a esta Decisión establecen expectativas, recomendaciones y orientaciones aplicables a los Adherentes, los PNC, el Comité y el WPRBC en la implementación de esta Decisión.

2. Esta Decisión será revisada periódicamente. El Comité hará propuestas para este propósito, y el WPRBC podrá desarrollar y presentar tales propuestas al Comité.

Procedimientos

I. Puntos nacionales de contacto para la conducta empresarial responsable

El papel de los Puntos nacionales de contacto para la conducta empresarial responsable (PNC) es favorecer la eficacia de las *Líneas Directrices*. Los PNC operarán de manera:

1. visible,
2. accesible,
3. transparente,
4. responsable,
5. imparcial y equitativa,
6. previsible, y
7. compatible con las *Líneas Directrices*.

Estos principios comprenden de forma conjunta los criterios fundamentales de eficacia de los PNC. Los PNC, considerando sus circunstancias particulares, buscarán la equivalencia funcional, lo que significa que todos los PNC funcionan con un grado equivalente de eficacia, mediante la consecución de estos criterios.

A. Modalidades institucionales

En consonancia con los objetivos de equivalencia funcional de los PNC y el favorecimiento de la eficacia de las *Líneas Directrices*, los Adherentes disponen de flexibilidad en la organización de sus PNC para cumplir con los criterios fundamentales de eficacia. Al determinar la modalidad institucional de su PNC, los gobiernos buscarán el apoyo activo de los agentes sociales cuando corresponda, de otras partes interesadas, así como de otras entidades gubernamentales relevantes.

Por consiguiente, los PNC:

1. Estarán compuestos, organizados y dotados de los recursos suficientes para proporcionar una estructura eficaz para tratar el amplio espectro de los ámbitos cubiertos por las *Líneas Directrices*, tendrán acceso a conocimientos especializados sobre todos los aspectos relacionados con el mandato del PNC, operarán de manera imparcial, y mantendrán un nivel adecuado de responsabilidad a los gobiernos adherentes.
2. Pueden adoptar diferentes estructuras organizativas para cumplir con los criterios fundamentales de eficacia y buscar la equivalencia funcional, teniendo en cuenta la importancia de mantener la confianza de las partes interesadas. Por ejemplo, un PNC puede ser un alto funcionario del gobierno o un departamento gubernamental dirigido por un alto funcionario; un organismo interinstitucional o interministerial integrado por altos funcionarios o dirigido por ellos; un organismo compuesto por representantes del gobierno, la comunidad empresarial, las organizaciones de trabajadores y otras organizaciones no gubernamentales (de múltiples partes interesadas) y/o expertos independientes. Se alienta a los gobiernos a incluir representantes de la comunidad empresarial, organizaciones de trabajadores y otras organizaciones no

gubernamentales en los órganos consultivos o de supervisión cuando sea útil para ayudar al PNC en sus tareas.

3. Desarrollarán y mantendrán relaciones significativas y se coordinarán con los agentes sociales cuando corresponda, así como con representantes de la comunidad empresarial, organizaciones de trabajadores, organizaciones no gubernamentales y/u otras partes interesadas que puedan contribuir a la eficacia de las *Líneas Directrices*.

B. Información y promoción

El PNC:

1. Divulgará y pondrá a disposición las *Líneas Directrices* por los medios adecuados, incluyendo a través de información en línea, y en los idiomas nacionales. Los PNC también deberían promover las guías de la OCDE sobre debida diligencia para la conducta empresarial responsable, teniendo en cuenta la naturaleza específica de estas guías como se menciona en el capítulo II de las *Líneas Directrices*, párrafo 15 de los Comentarios. Cuando resulte necesario, se debería informar sobre las *Líneas Directrices* a las partes interesadas relevantes, incluidos los inversores potenciales (internos y externos).
2. Sensibilizará sobre las *Líneas Directrices*, sus procedimientos de implementación y sobre el propio PNC, incluso cooperando, según corresponda, con las entidades gubernamentales pertinentes, la comunidad empresarial, las organizaciones de trabajadores, otras organizaciones no gubernamentales y el público interesado.
3. Responderá a las consultas sobre las *Líneas Directrices* y las guías de la OCDE sobre debida diligencia, así como sobre el propio PNC, incluidas las procedentes de:
   a) otros PNC;
   b) la comunidad empresarial, las organizaciones de trabajadores, otras organizaciones no gubernamentales y el público; y
   c) gobiernos no Adherentes.

C. Instancias específicas

El PNC, sirviendo como mecanismo de reclamación no judicial, contribuirá a la resolución de las cuestiones que surjan relacionadas con la implementación de las *Líneas Directrices* en instancias específicas, de una manera que sea consistente con los criterios fundamentales de eficacia enumerados previamente en la sección I.A. Los PNC publicarán sus procedimientos de manejo de casos, es decir, los procedimientos que siguen para manejar instancias específicas, que serán consistentes con estos Procedimientos. Se alienta a los PNC a consultar a sus partes interesadas en la elaboración de sus procedimientos de manejo de casos. El PNC ofrecerá un espacio para el diálogo y sus conocimientos sobre las *Líneas Directrices* para ayudar a la comunidad empresarial, las organizaciones de trabajadores, otras organizaciones no gubernamentales y otras partes interesadas a resolver las cuestiones planteadas de manera eficiente y oportuna y de conformidad con la legislación aplicable y las *Líneas Directrices*. Dependiendo de las características de cada caso, esta asistencia puede incluir apoyar un diálogo constructivo, facilitar acuerdos entre las partes y/o emitir recomendaciones. Los objetivos de dicha asistencia pueden incluir promover la implementación de las *Líneas Directrices* en el futuro y/o abordar impactos negativos de manera consistente con las *Líneas Directrices*.

Al proveer esta asistencia, el PNC:

1. Coordinará de buena fe con otros PNC que pudieran estar involucrados en función de las características de la instancia específica, para designar el PNC líder y los PNC de apoyo.
2. Consultará a las partes sobre las cuestiones planteadas y llevará a cabo una evaluación inicial para determinar si estas cuestiones ameritan un examen más detallado, y responderá a las partes involucradas.

3. Cuando, con base en una evaluación inicial, el PNC decida que las cuestiones planteadas ameritan un examen más detallado, ofrecerá sus buenos oficios para ayudar a las partes involucradas a resolver estas cuestiones. A tal fin, el PNC consultará con las partes y, en su caso:
   a) buscará asesoramiento de las autoridades pertinentes y/o representantes de la comunidad empresarial, organizaciones de trabajadores, otras organizaciones no gubernamentales y expertos pertinentes;
   b) consultará al PNC o los PNC de cualquier otro Adherente o Adherentes interesados;
   c) solicitará información al Secretariado sobre instancias específicas similares u orientación al WPRBC sobre las dudas que pudiera tener con respecto a la interpretación de las *Líneas Directrices*. Dicha información y orientación son de carácter consultivo, confidencial y específico para cada caso y no constituyen aclaraciones de la interpretación de las *Líneas Directrices*, que continúan siendo responsabilidad del Comité según la sección II.2.c) a continuación. En función de los recursos disponibles, esta información y orientación deberían ser proporcionadas de manera oportuna para evitar demoras en el manejo del caso;
   d) ofrecerá y, con el acuerdo de las partes involucradas, facilitará el acceso a mecanismos de consenso y no contenciosos, como la mediación o la conciliación, para ayudar a las partes a resolver las cuestiones.
4. Al concluir el proceso y después de consultar con las partes involucradas, hará públicos los resultados del proceso, teniendo en cuenta la necesidad de proteger la información empresarial sensible y la de otras partes interesadas, emitiendo públicamente una declaración final:
   a) cuando el PNC decida que las cuestiones planteadas no ameritan un examen más detallado. La declaración debería, como mínimo, describir las cuestiones planteadas, las respectivas posiciones de las partes, según corresponda, las medidas tomadas por el PNC en el marco de su revisión de la solicitud y la participación de las partes en el proceso, así como los motivos de la decisión del PNC;
   b) cuando las partes hayan llegado a un acuerdo sobre las cuestiones planteadas. La declaración debería, como mínimo, describir las cuestiones planteadas, las respectivas posiciones de las partes, según corresponda, los pasos que tomó el PNC para asistir a las partes y cuándo se llegó a un acuerdo. Sólo se incluirá información sobre el contenido del acuerdo en la medida en que las partes así lo consienten. Según corresponda, el PNC también podrá incluir recomendaciones sobre la implementación de las *Líneas Directrices* en sus declaraciones cuando se haya llegado a un acuerdo;
   c) cuando no se llega a un acuerdo o cuando una de las partes no está dispuesta a participar en el proceso. Esta declaración debería describir, como mínimo, las cuestiones planteadas, las respectivas posiciones de las partes, según corresponda, las razones por las que el PNC decidió que las cuestiones planteadas ameritaban un examen más detallado y las medidas adoptadas por el PNC para ayudar a las partes, incluyendo la información sobre la participación de las partes en el proceso. Cuando resulte pertinente, el PNC también debería incluir recomendaciones sobre la implementación de las *Líneas Directrices*. Cuando proceda, la declaración también podría incluir las razones por las que no fue posible llegar a un acuerdo. Si lo permite la legislación aplicable y los procedimientos de manejo de casos del PNC, el PNC puede, según su propio criterio, exponer sus puntos de vista en su declaración final sobre si la empresa observó las *Líneas Directrices*.

   El PNC notificará oportunamente al Comité y al WPRBC acerca de los resultados de sus instancias específicas.
5. Una vez concluida la instancia específica, cuando resulte pertinente, realizará un seguimiento de la implementación de las recomendaciones o, en su caso, del acuerdo alcanzado por las partes. El PNC debería publicar una declaración de seguimiento. Cualquier seguimiento que el PNC

tenga la intención de realizar también debería mencionarse en la declaración final, incluidos los plazos para llevarlo a cabo.

6. Actuará con transparencia e informará a las partes de una instancia específica sobre todos los hechos y argumentos relevantes presentados ante el PNC por otras partes, en particular durante la fase de buenos oficios. Sin embargo, a solicitud razonable de una de las partes, por ejemplo, para proteger información confidencial y/o los intereses de las partes interesadas involucradas en la instancia específica, el PNC podrá mantener cierta información confidencial respecto de las otras partes.
7. Informará a las partes que en ningún momento podrán revelar públicamente o a terceros, durante o después del proceso, los hechos y argumentos compartidos por las otras partes o por el PNC (incluyendo, cuando corresponda, por un mediador o conciliador externo) durante el proceso descrito en los párrafos 1-5 precedentes, salvo que la parte que los comparta acepte su divulgación, que tales hechos y argumentos ya sean de dominio público, o que no divulgarlos viole las disposiciones de la legislación nacional.
8. Si surgen problemas en no Adherentes, adoptará medidas para lograr una mejor comprensión de las cuestiones planteadas y seguirá estos Procedimientos.
9. A lo largo de todo el proceso, los PNC deberían adoptar todas las medidas apropiadas, dentro de sus capacidades, para abordar los riesgos de represalias contra las partes en una instancia específica. Si tienen conocimiento de un caso real o potencial de represalia, los PNC deberían, en la medida de lo posible, apoyar a la parte involucrada para evitar y mitigar cualquier daño y contactar a las autoridades competentes, en consulta con la(s) persona(s) en riesgo cuando sea posible. Asimismo, los gobiernos deberían adoptar las medidas pertinentes para proteger al PNC y a sus integrantes de represalias.

D. Apoyo a los esfuerzos de los gobiernos para promover la conducta empresarial responsable

Para favorecer la eficacia de las *Líneas Directrices*, los PNC pueden, cuando corresponda y en coordinación con las entidades gubernamentales pertinentes, apoyar los esfuerzos de su gobierno para desarrollar, implementar y fomentar la coherencia de las políticas públicas destinadas a promover la conducta empresarial responsable. La prestación o solicitud de dicho apoyo debería tener en cuenta los recursos y la capacidad del PNC para cumplir con sus responsabilidades descritas en el párrafo I.1. de la *Decisión*.

E. Informes

1. Cada PNC informará anualmente al Comité y al WPRBC.
2. Los informes deberían contener información sobre la naturaleza y los resultados de las actividades del PNC, incluyendo las instancias específicas.

F. Revisiones de pares

Los Adherentes llevarán a cabo periódicamente revisiones de pares de sus PNC, organizadas por el Secretariado, como un medio para mejorar la implementación efectiva de las *Líneas Directrices*, compartir buenas prácticas y favorecer la eficacia y la equivalencia funcional de los PNC. La metodología para las revisiones de pares periódicas, incluidos los procedimientos para su realización, duración del ciclo de revisión de pares y los arreglos relativos a la financiación, será aprobada por el WPRBC y revisada al final de cada ciclo. El primer ciclo de revisiones periódicas de pares iniciará una vez la metodología haya sido aprobada.

II. Comité de inversiones, el WPRBC y el Secretariado

1. El Comité, el WPRBC y el Secretariado revisarán las solicitudes de asistencia de los PNC para llevar a cabo sus actividades, incluso en caso de duda sobre la interpretación de las *Líneas Directrices* en circunstancias particulares, cada uno de acuerdo con sus respectivas responsabilidades.

2. El Comité, con la asistencia del WPRBC, con miras a mejorar la eficacia de las *Líneas Directrices* y fomentar la equivalencia funcional de los PNC:

a) examinará los informes anuales de los PNC descritos previamente en la sección I.E. Con base en dichos informes, el WPRBC emitirá anualmente un informe público que analizará las actividades de los PNC;

b) revisará las solicitudes fundamentadas de un Adherente, un órgano consultivo (BIAC o TUAC) o de OECD Watch sobre si un PNC está cumpliendo con sus responsabilidades con respecto al manejo de las instancias específicas. El Comité aprobará la respuesta por consenso. El Adherente cuyo PNC sea objeto de una solicitud fundamentada participará en el proceso de buena fe y se espera que se una al consenso, excepto en circunstancias excepcionales;

c) considerará emitir una aclaración de la interpretación de las *Líneas Directrices* a solicitud de un Adherente, un órgano consultivo (BIAC o TUAC) o de OECD Watch. Tal solicitud puede referirse a si un PNC ha interpretado correctamente las *Líneas Directrices* en las instancias específicas, pero en tal caso el Comité no emitirá conclusiones sobre la conducta de empresas individuales;

d) hará recomendaciones, según resulte necesario, para mejorar el funcionamiento de los PNC y la implementación efectiva de las *Líneas Directrices*. Cuando, sobre la base de los dos últimos ciclos de informes anuales y a propuesta del WPRBC, el Comité determine que un PNC, durante un período prolongado y sin razón legítima, manifiestamente no ha estado operando de manera consistente con estos *Procedimientos*, podrá hacer recomendaciones pertinentes al Adherente e invitarle a informar dentro de un plazo determinado, y el Comité podrá proceder de esta manera de forma repetida hasta que determine que las cuestiones han sido resueltas. El Comité y el WPRBC tomarán decisiones sobre estos asuntos por consenso. El Adherente cuyo PNC esté involucrado participará en el proceso de buena fe y se espera que se una al consenso excepto en circunstancias excepcionales;

e) cooperará con socios internacionales;

f) se relacionará con los no Adherentes interesados en los ámbitos cubiertos por las *Líneas Directrices* y su implementación.

3. El Comité y el WPRBC pueden buscar y considerar el asesoramiento de expertos sobre cualquier ámbito cubierto por las *Líneas Directrices.* A tal efecto, el Comité decidirá los procedimientos adecuados.

4. El Comité y el WPRBC cumplirán con sus responsabilidades de manera eficiente y oportuna.

5. En el desempeño de sus responsabilidades, el Comité y el WPRBC contarán con el apoyo del Secretariado, el cual bajo las directrices generales establecidas por el Comité y del WPRBC, y sujeto al programa de trabajo y presupuesto de la Organización:

a) servirá como una fuente central de información para los PNC que tengan preguntas sobre la promoción, interpretación e implementación de las *Líneas Directrices*. La información sobre la interpretación de las *Líneas Directrices* será proporcionada de conformidad con I.C.2.c) anterior;

b) recopilará y hará públicos (incluyendo el apoyo al WPRBC con la publicación del informe anual que analiza las actividades de los PNC según lo dispuesto en la sección II. 2. a) anterior): información relevante sobre tendencias recientes y prácticas emergentes con respecto a las modalidades institucionales de los PNC, las actividades de promoción de los PNC y la implementación de las *Líneas Directrices* en las instancias específicas. El Secretariado desarrollará formatos estándar para la redacción de informes, lo que permitirá crear y mantener una base de datos actualizada sobre instancias específicas y realizar análisis regulares de éstas;

c) facilitará las actividades de aprendizaje entre pares, así como actividades de desarrollo de capacidades y de formación, especialmente dirigidas a los PNC de los nuevos Adherentes y al nuevo personal de los PNC, sobre las *Líneas Directrices* y sus Procedimientos de implementación, como la promoción y la facilitación de la conciliación y la mediación;

d) organizará revisiones de pares de los PNC periódicas como las indicadas previamente en la sección I.F.;

e) facilitará la cooperación entre los PNC cuando corresponda; y

f) promoverá las *Líneas Directrices* en foros y reuniones internacionales apropiados y brindará su apoyo a los PNC y al Comité en sus esfuerzos por sensibilizar sobre las *Líneas Directrices* entre los no Adherentes.

III. Misceláneo

Estos Procedimientos no dan lugar a ningún derecho u obligación adicional en virtud del derecho internacional.

Comentarios a los Procedimientos de implementación

1. La Decisión del Consejo representa el compromiso de los Adherentes de promover la implementación de las recomendaciones contenidas en el texto de las *Líneas Directrices*. Los Procedimientos se adjuntan a la Decisión del Consejo y describen las expectativas, recomendaciones y otras orientaciones para los Adherentes, los Puntos nacionales de contacto para la conducta empresarial responsable (PNC), el Comité de inversiones (el Comité), el Grupo de trabajo sobre conducta empresarial responsable (WPRBC) y el Secretariado, sin dar lugar a derechos u obligaciones adicionales en virtud del derecho internacional. Para las expectativas se utiliza el futuro. Para las recomendaciones se utiliza "debería" o el verbo "alentar". Las orientaciones se indican con el verbo "poder".

2. La Decisión del Consejo establece las responsabilidades clave de los Adherentes con respecto a los PNC, que se resumen de la siguiente manera:

- Establecer un PNC e informar a las partes interesadas acerca de la disponibilidad de los mecanismos relacionados con las *Líneas Directrices*.
- Poner a su disposición los recursos humanos y financieros necesarios.
- Permitir a los PNC de diferentes Adherentes cooperar entre sí cuando sea necesario
- Permitir a los PNC reunirse regularmente y presentar informes al Comité.

3. La Decisión del Consejo también establece las responsabilidades del Comité respecto de las *Líneas Directrices*, que incluyen:

- Organizar intercambios de opinión sobre cuestiones relacionadas con las *Líneas Directrices*.
- Emitir aclaraciones cuando sea necesario.
- Mantener intercambios de opinión sobre las actividades de los PNC.
- Presentar informes al Consejo de la OCDE sobre las *Líneas Directrices*.

4. El Comité de inversiones es el órgano de la OCDE responsable de supervisar la aplicación de las *Líneas Directrices*. Esta responsabilidad abarca no solo las *Líneas Directrices* sino todos los elementos de la Declaración (los instrumentos relativos al trato nacional, a los incentivos y desincentivos a la inversión internacional, y a las obligaciones contradictorias). El Comité procura garantizar que cada elemento de la Declaración sea respetado y comprendido, y que todos ellos se complementen y funcionen armoniosamente entre sí.

5. El WPRBC es un órgano subsidiario del Comité con responsabilidades en relación con las *Líneas Directrices* y la Decisión. Los Procedimientos enumeran una serie de formas en que el WPRBC brinda asistencia al Comité, entre las que se incluyen:

- Desarrollar metodologías para las revisiones de pares periódicas de los PNC, supervisar la organización de las revisiones de pares a cargo del Secretariado y aprobar los informes de revisión de pares;

- Proporcionar asesoramiento orientativo a los PNC que tengan preguntas sobre la interpretación de las *Líneas Directrices* en circunstancias particulares;
- Preparar las respuestas del Comité sobre reclamaciones fundamentadas y solicitudes de aclaración de las *Líneas Directrices*;
- Asesorar al Comité sobre cómo formular recomendaciones a un Adherente cuyo PNC ha dejado manifiestamente de funcionar durante un período prolongado de tiempo y sin razón legítima;
- Apoyar al Comité en la revisión de los informes anuales de los PNC y emitir un informe público anual sobre la actividad de los PNC.

6. Como reflejo de la creciente relevancia de la conducta empresarial responsable para los no Adherentes, la Decisión prevé el compromiso y la cooperación con los no Adherentes en los ámbitos cubiertos por las *Líneas Directrices*. Esta disposición permite que el Comité organice reuniones especiales con los no Adherentes interesados, para promover la comprensión de las normas y principios contenidos en las *Líneas Directrices* y de sus Procedimientos de implementación. De conformidad con los procedimientos pertinentes de la OCDE, el Comité también puede involucrarlos en actividades o proyectos especiales sobre conducta empresarial responsable, incluso invitándolos a sus reuniones.

7. El Comité cooperará con los PNC y buscará oportunidades para colaborar con los órganos consultivos (BIAC y TUAC), OECD Watch y otros socios internacionales con el objetivo de promover de manera proactiva la implementación efectiva de las *Líneas Directrices*. En particular, como parte de su labor de supervisar la implementación de la Declaración, el Comité, con el apoyo del WPRBC, brindará orientación y buscará mejorar la capacidad de las empresas para implementar la debida diligencia para la conducta empresarial responsable, incluso en sectores, zonas geográficas y áreas de riesgo específicos. Se llevará a cabo, entre otras cosas, mediante el involucramiento de múltiples partes interesadas y tendrá en cuenta las necesidades de las pequeñas y medianas empresas, en cooperación con los PNC. Se proporciona a los PNC orientación adicional en este sentido en el párrafo 21, disponible a continuación.

I. Comentario a los Procedimientos para los Puntos nacionales de contacto

8. Los PNC desempeñan un papel importante en la mejora de la notoriedad y la eficacia de las *Líneas Directrices*. Si bien son las empresas las responsables de observar las *Líneas Directrices* en su comportamiento cotidiano, los gobiernos y sus PNC pueden contribuir a mejorar su efectiva implementación. Para este fin, los gobiernos han acordado que son necesarias instrucciones más precisas acerca de la organización y las actividades de los PNC, incluso mediante reuniones periódicas y a través de la supervisión por parte del Comité.

9. Muchas de las funciones y actividades de los Procedimientos de la Decisión no son nuevas, sino que reflejan la experiencia y las recomendaciones desarrolladas a lo largo de los años. Al explicitarlas, se hace más transparente el funcionamiento esperado por parte de los mecanismos de implementación de las *Líneas Directrices*. Todas las funciones se describen ahora en seis partes dentro de los Procedimientos relativos a los PNC: modalidad institucional, información y promoción, instancias específicas, apoyo a los esfuerzos de los gobiernos para promover la conducta empresarial responsable, informes y revisiones de pares.

10. Estas seis partes están precedidas por un párrafo introductorio que establece el propósito básico de los PNC, junto con los criterios fundamentales de eficacia. Si bien los gobiernos disponen de flexibilidad en cuanto a la forma en que organizan sus PNC, todos ellos deberían funcionar con un grado equivalente de eficacia, definida como "equivalencia funcional". La equivalencia funcional es crucial para la contribución efectiva de toda la red de PNC a la implementación de las *Líneas Directrices*, en particular con respecto a la plena participación de todos los PNC en el mecanismo de instancias específicas. La

participación de todos los PNC es importante para la confianza de las partes interesadas y la plena eficacia de los PNC en todos los niveles. Todos los PNC, cada uno a la luz de sus circunstancias particulares, buscarán la equivalencia funcional en el desempeño de sus responsabilidades, cumpliendo con los criterios fundamentales de eficacia, que se describen a continuación, lo que también ayudará al Comité y al WPRBC en las revisiones de pares y al debatir sobre la conducta de los PNC.

Criterios fundamentales de eficacia para la equivalencia funcional en las actividades de los PNC:

a. Visible.

De conformidad con la Decisión, los Adherentes acuerdan establecer PNC que sean fácilmente identificables por las partes interesadas y las entidades gubernamentales pertinentes dentro y fuera de su país, y también informar a la comunidad empresarial, las organizaciones de trabajadores y otras partes interesadas, incluidas las ONG, acerca de la disponibilidad de los mecanismos asociados con los PNC para la implementación de las *Líneas Directrices.* Como paso básico en este sentido, los PNC dispondrán de un sitio o página web detallada. Se espera que los gobiernos publiquen información sobre sus PNC, como su ubicación dentro del gobierno, su modalidad institucional, los procedimientos para la tramitación de las instancias específicas, y que desempeñen un papel activo en la promoción de las *Líneas Directrices*, lo que podría incluir eventos promocionales y materiales sobre dicho instrumento. Estos eventos o materiales podrían prepararse en cooperación con empresas, trabajadores, ONG y otras partes interesadas, aunque no necesariamente con todos los grupos en cada ocasión.

b. Accesible.

La facilidad de acceso a los PNC es importante para su funcionamiento efectivo. Esto incluye facilitar el acceso a empresas, trabajadores, ONG y al público en general. Los PNC deberían responder a todas las solicitudes legítimas de información y manejar instancias específicas de manera eficaz y oportuna. Los PNC no cobrarán tasas por presentar una solicitud y los requisitos para presentar un caso estarán claramente establecidos, fácilmente disponibles y no serán innecesariamente onerosos. Cuando sea apropiado y acorde con el tiempo y la capacidad presupuestaria del PNC, estos pueden también brindar asistencia imparcial y equitativa a las partes involucradas. Dicha asistencia puede referirse, por ejemplo, al uso de idiomas y traducciones, orientación sobre cómo presentar una solicitud admisible e involucrarse en la mediación, flexibilidad en cuanto a los plazos u ofrecer opciones asequibles para la participación en el proceso, tales como instalaciones para reuniones a distancia.

c. Transparente.

La transparencia es un criterio importante con respecto a su contribución a los demás criterios fundamentales de eficacia y para ganar la confianza de las partes interesadas, las partes involucradas en instancias específicas y el público en general. Así, como principio general y con sujeción a la legislación aplicable, las actividades del PNC serán transparentes. Por ejemplo, la publicación de los informes anuales de los PNC ante la OCDE puede demostrar transparencia. No obstante, en instancias específicas, el PNC puede establecer la confidencialidad de ciertos aspectos del proceso, de conformidad con la sección I.C.6.-7. de los Procedimientos y sus comentarios relacionados.

d. Responsable.

Dado el papel de los PNC en la mejora de la notoriedad de las *Líneas Directrices*, y su potencial para facilitar la resolución de cuestiones delicadas entre las empresas y las comunidades en las que operan, los PNC informarán sobre sus actividades. A nivel nacional, los parlamentos, los gobiernos, los órganos consultivos de los PNC cuando existan, así como las partes interesadas, podrían desempeñar un papel en la retroalimentación de las actividades de los PNC y servir como una fuente de aprendizaje continuo, contribuyendo así a la mejora del desempeño de los PNC. Los informes anuales y las reuniones periódicas de los PNC, las actividades de aprendizaje y revisiones de pares brindarán la oportunidad de compartir experiencias y fomentar "buenas prácticas" con respecto a los PNC. El Comité y el WPRBC también realizarán intercambios de opiniones y experiencias, donde se podrá evaluar la efectividad de las actividades de los PNC.

e. Imparcial y equitativo.

Ser imparcial y equitativo es un requisito previo para mantener la confianza continua de las partes interesadas, las partes involucradas en instancias específicas y el público en general. En consecuencia, los gobiernos organizarán sus PNC de manera que les permita actuar y ser percibidos de esta forma. Los PNC garantizarán la imparcialidad en la resolución de las instancias específicas, incluyendo la búsqueda activa de la prevención y el manejo de potenciales o supuestos conflictos de intereses de cualquier persona que desempeñe un papel en nombre del PNC para ayudar a las partes a resolver los problemas planteados en una instancia específica. Los PNC también deberían procurar asegurar, especialmente a través de procedimientos claros y accesibles para la tramitación de los casos, que las partes puedan participar en el proceso en términos justos y equitativos, por ejemplo, tratando de garantizar que los desequilibrios de poder y recursos no impidan que las partes se involucren de manera efectiva en el proceso, o proporcionando acceso razonable a fuentes de información relevantes para el procedimiento.

f. Previsible.

Los PNC, como parte de sus actividades, proporcionarán al público información clara y pública sobre sus funciones y los procedimientos que siguen para cumplir con sus responsabilidades, particularmente en la resolución de instancias específicas. Las áreas en las que se debería proporcionar dicha información incluyen:

- la prestación de buenos oficios,
- las diferentes etapas del proceso de instancias específicas, incluidos el calendario indicativo y los criterios para la evaluación inicial,
- expectativas de buena fe y confidencialidad,
- la naturaleza del proceso y sus posibles resultados, y
- el rol que pueden desempeñar los PNC en el seguimiento de la implementación de los acuerdos alcanzados entre las partes o recomendaciones formuladas por el PNC.

Los PNC publicarán sus procedimientos de manejo de instancias específicas, redactados de manera clara y accesible, e informarán regularmente a las partes involucradas en instancias específicas sobre el progreso del caso, especialmente cuando sea necesario extender los plazos indicativos establecidos en los párrafos 51 y 52 a continuación.

g. Compatible con las *Líneas Directrices*.

Los PNC operarán de manera compatible con las *Líneas Directrices*. Manejar instancias específicas significa, en particular, trabajar con las partes para evitar cualquier situación en la que los acuerdos sean contrarios a las *Líneas Directrices*, o en la que sus procedimientos para el manejo de casos no sean conformes a los Procedimientos.

Modalidades institucionales

11. Las modalidades institucionales del PNC le permitirán cumplir con los criterios fundamentales de eficacia, mantener la confianza de los agentes sociales cuando corresponda, y de otras partes interesadas, y fomentar la notoriedad de las *Líneas Directrices*. La Decisión y los Procedimientos otorgan a los Adherentes flexibilidad para decidir sobre las modalidades institucionales de su PNC, identificando algunas de las diversas opciones posibles. También enumeran las características mínimas necesarias

para cumplir con estas expectativas, como la participación de altos funcionarios, suficientes recursos humanos y financieros y acceso suficiente a los conocimientos especializados en los ámbitos cubiertos por las *Líneas Directrices*. Los gobiernos tienen flexibilidad para usar un nombre diferente para su PNC según corresponda a su contexto nacional. Para fomentar la confianza en el PNC, los gobiernos deberían consultar a las partes interesadas con respecto a las decisiones que pueden afectar significativamente las modalidades institucionales del PNC.

12. Independientemente de la modalidad que los gobiernos hayan elegido para su PNC, se les alienta a establecer órganos consultivos o de supervisión multipartitos cuando resulten útiles para ayudarlos en sus tareas.

13. Los recursos adecuados son esenciales para la eficacia y autoridad de los PNC. La Decisión requiere que los Adherentes proporcionen a sus PNC los recursos humanos y financieros necesarios para cumplir eficazmente con sus responsabilidades de manera que se satisfagan plenamente los criterios de eficacia. Se alienta a los Adherentes a poner dichos recursos a disposición de los PNC como parte de un presupuesto específico, cuando corresponda. En caso de rotación del personal, los Adherentes deberían garantizar la continuidad. Esto puede incluir brindar capacitación adecuada al nuevo personal, según sea necesario y con el apoyo del Secretariado, y preservar la memoria institucional.

14. Los PNC, cualquiera que sea su composición, desarrollarán y mantendrán relaciones significativas y cooperarán con representantes de las entidades gubernamentales relevantes, la comunidad empresarial, las organizaciones de trabajadores, otras organizaciones no gubernamentales y otras partes interesadas, para ganar el apoyo activo y la confianza de las partes interesadas.

Información y promoción

15. Las funciones del PNC asociadas con la información y la promoción son de fundamental importancia para mejorar la notoriedad y el conocimiento de las *Líneas Directrices* entre las partes interesadas y el público en general, y para alentar a las empresas a actuar de manera coherente con las *Líneas Directrices* y a utilizar las guías de la OCDE sobre debida diligencia para tal fin.

16. Se requiere que los PNC promuevan activamente las *Líneas Directrices*, y se les alienta a promover las guías de la OCDE sobre debida diligencia cuando sea pertinente, especialmente como se aconseja en las Recomendaciones del Consejo relativas a dichas guías, teniendo en cuenta la naturaleza específica de las guías, como se menciona en el párrafo 15 del comentario al capítulo II de las *Líneas Directrices*. Las actividades de promoción pueden incluir, por ejemplo, proporcionar documentación a las partes interesadas, o la organización o participación en eventos sobre conducta empresarial responsable. También se podrían promover eventos relacionados con la conducta empresarial responsable organizados por la OCDE, otros PNC o actores relevantes. Las actividades de promoción llevadas al cabo por el PNC y la información relacionada deberían ser de fácil acceso, estar disponibles en línea y a través de otros medios apropiados, incluso en los idiomas nacionales. Deberían incluirse en el sitio web del PNC enlaces a las *Líneas Directrices* y a las guías de la OCDE sobre debida diligencia para la conducta empresarial responsable. Las versiones en inglés y francés estarán disponibles a través del Secretariado de la OCDE.

17. Según corresponda, los PNC buscarán ofrecer las actividades e información mencionadas de manera equitativa a una gama diversa y representativa de partes interesadas relevantes. Como ejemplo, los Procedimientos mencionan a potenciales inversores, tanto internos como externos. También se alienta a los PNC a comunicarse con las entidades gubernamentales y las redes diplomáticas pertinentes, que pueden actuar como importantes amplificadores en la promoción de las *Líneas Directrices*, y crear conciencia sobre el PNC, incluso entre las partes interesadas de otros países. Según el contexto y los recursos de un PNC, los mapeos de partes interesadas y los planes de promoción pueden ayudar a incrementar el alcance e impacto de los esfuerzos de promoción de un PNC.

18. Los PNC también deberían proporcionar información sobre sus responsabilidades y actividades a la luz de los criterios fundamentales de eficacia. Deberían promover entre las partes interesadas relevantes su rol en las instancias específicas, incluidos, cuando sea posible y apropiado, entre los posibles solicitantes de instancias específicas. Esto debería incluir información sobre el proceso que deberían seguir las partes al presentar o responder a una instancia específica, asesoramiento sobre la información necesaria para presentar una instancia específica, los requisitos para quienes participan en las instancias específicas, incluida la confidencialidad, y los procesos y calendario indicativo que serán aplicados por el PNC.

19. En sus esfuerzos por crear conciencia sobre las *Líneas Directrices*, los PNC cooperarán con una amplia variedad de organizaciones e individuos, incluidos, según corresponda, las entidades gubernamentales pertinentes, la comunidad empresarial, las organizaciones de trabajadores, las organizaciones no gubernamentales y otras partes interesadas. Estas organizaciones tienen un gran interés en la promoción de las *Líneas Directrices* y sus redes institucionales brindan oportunidades de promoción que, si se utilizan para este propósito, mejorarán en gran medida los esfuerzos de los PNC en este sentido.

20. Otra actividad básica que se espera de los PNC es responder a consultas legítimas. En este sentido, se han señalado tres grupos que requieren especial atención: i) otros PNC (la Decisión incluye una disposición específica para esto); ii) la comunidad empresarial, las organizaciones de trabajadores, otras organizaciones no gubernamentales y el público; y iii) los gobiernos de los no Adherentes.

21. Para apoyar al Comité y al WPRBC en la promoción proactiva de la implementación de las *Líneas Directrices*, los PNC deberían mantener contactos regulares, incluyendo reuniones, con los agentes sociales, cuando corresponda, y otras partes interesadas con el fin de:

a) considerar nuevos desarrollos y prácticas emergentes con respecto a la conducta empresarial responsable;
b) apoyar las contribuciones positivas que las empresas pueden hacer al progreso económico, social y ambiental;
c) participar, cuando corresponda, en iniciativas de colaboración para identificar y responder a los riesgos de impactos negativos asociados con productos, regiones, sectores o industrias particulares.

Aprendizaje entre pares

22. Además de contribuir al trabajo del Comité y del WPRBC para mejorar la eficacia de las *Líneas Directrices*, los PNC participarán en actividades conjuntas de aprendizaje entre pares. Dicho aprendizaje entre pares puede llevarse a cabo a través de reuniones organizadas en la OCDE o a través de una cooperación directa entre los PNC.

Revisiones de pares

23. La revisión de pares constituye un mecanismo importante para reforzar la implementación efectiva de las *Líneas Directrices*, compartir buenas prácticas y fomentar la equivalencia funcional. Como se establece en la Decisión, los Adherentes se comprometen a realizar periódicamente revisiones de pares de los PNC. El Secretariado organizará dichas revisiones de pares bajo la supervisión del WPRBC. En ellas se evalúan las fortalezas y debilidades del PNC con respecto al cumplimiento de su mandato y los criterios fundamentales de eficacia definidos en la sección I de los Procedimientos, y se hacen recomendaciones de mejora, según corresponda.

24. La metodología para las revisiones de pares (proceso, duración del ciclo de revisión y los arreglos relativos a la financiación) se definirá en un "Modelo para revisiones de pares de los PNC", que será aprobado por consenso por el WPRBC y publicado en el sitio web de la OCDE. El WPRBC revisará el Modelo al final de cada ciclo, en particular para garantizar que los PNC tengan tiempo suficiente para

preparar sus revisiones de pares, que estos procesos no representen una carga irrazonable, que mantengan una relación costo-eficacia para los gobiernos y los PNC (incluidos los que actúen como pares revisores) y para tener en cuenta la carga de trabajo del WPRBC y del Secretariado, y que el proceso de selección de los PNC revisores garantice que a todos se les ofrezca la oportunidad de participar en los equipos de revisión de pares. El ciclo de revisiones de pares periódicas no comenzará hasta que la metodología haya sido aprobada por el WPRBC.

Instancias específicas

25. Cuando en las instancias específicas surjan problemas relacionados con la implementación de las *Líneas Directrices*, se espera que el PNC ayude a resolverlos, en su rol de mecanismo de reclamación no judicial. En ese contexto, los PNC tratarán de facilitar el diálogo entre las partes y apoyarlas en la búsqueda de soluciones mutuamente aceptables y compatibles con las *Líneas Directrices*. Además, también buscarán enriquecer activamente dicho diálogo mediante su conocimiento especializado en las *Líneas Directrices*. Los PNC también deberían redactar declaraciones finales de tal manera que brinden orientaciones acerca de cómo resolver los problemas y de cómo implementar las *Líneas Directrices*. La Guía de la OCDE de debida diligencia para una conducta empresarial responsable y las Guías sectoriales de la OCDE sobre debida diligencia son un recurso útil para que los PNC comprendan y promuevan las *Líneas Directrices*, pero no están destinados a ser la única base para la presentación de instancias específicas. Cada PNC publicará, de forma clara y accesible, sus procedimientos para el manejo de casos que describan su proceso para conducir las instancias específicas, de conformidad con estos Procedimientos. Se alienta a los PNC a desarrollar estos procedimientos junto a las partes interesadas.

Participación de buena fe

26. El proceso de las instancias específicas es voluntario. Se espera que todas las partes interesadas participen de buena fe en el proceso. En este contexto, ello significa responder de manera oportuna, mantener la confidencialidad cuando corresponda y de conformidad con los procedimientos para el manejo de casos del PNC, abstenerse de tergiversar los problemas y el proceso, especialmente en las comunicaciones públicas, y de amenazar o tomar represalias contra las partes involucradas en el procedimiento, o contra el propio PNC, e involucrarse genuinamente en el proceso con miras a encontrar una solución a las cuestiones planteadas que sea compatible con las *Líneas Directrices*, incluyendo considerar seriamente cualquier oferta de buenos oficios realizada por el PNC.

27. Si un PNC tiene conocimiento de una amenaza o de la existencia de represalias dirigidas hacia una persona involucrada en una instancia específica, o hacia el PNC o uno de sus miembros, debería tomar medidas dentro de sus capacidades y en consulta con otras entidades gubernamentales competentes, tales como misiones diplomáticas, según corresponda, con el objetivo de asegurar que la persona en riesgo cuente con la protección adecuada y que el proceso pueda continuar de manera segura, accesible, equitativa e imparcial. Antes de emprender cualquier acción en este sentido, y cuando sea posible, el PNC consultará con la persona en riesgo. Las represalias pueden tomar forma de amenazas para dañar al individuo, su familia u otras relaciones, amenazas inapropiadas de terminar un empleo o beneficios o amenazas inapropiadas de iniciar acciones legales. Las medidas apropiadas pueden incluir, por ejemplo, mantener la confidencialidad de la identidad de la persona en riesgo, sugerir que la persona en riesgo sea representada por un tercero de confianza, documentar los intentos de represalia en declaraciones, informar a las autoridades competentes de la situación o brindar asistencia a la persona en riesgo para que lo haga.

28. Además, para preservar la accesibilidad y la imparcialidad, los gobiernos deberían tomar las medidas adecuadas para proteger al PNC y a sus miembros de represalias, de conformidad con la legislación nacional y en consulta con las autoridades gubernamentales competentes. Los gobiernos deberían apoyar las medidas adoptadas por el PNC para protegerse a sí mismo y a sus miembros.

Coordinación entre PNC en instancias específicas

29. Dado que los Adherentes dirigen las *Líneas Directrices* a las empresas que operan "en o desde" su territorio, los PNC pueden recibir instancias específicas sobre cuestiones que tienen lugar en su país o, alternativamente, sobre cuestiones relativas a empresas establecidas en su país. En consecuencia, ciertas instancias específicas pueden afectar a los PNC de varios Adherentes, como:

- cuando una instancia específica involucra a diferentes países de origen o anfitriones que son Adherentes (por ejemplo, en relación con las actividades de una empresa con sede en un Adherente que tiene impactos en otro Adherente, o una empresa con diferentes sedes en múltiples Adherentes);
- cuando las cuestiones planteadas en una instancia específica tengan lugar en varios Adherentes, o se refieran a varias empresas establecidas en varios Adherentes;
- cuando la misma instancia específica o instancias específicas relacionadas (como instancias específicas que involucran a diferentes empresas que están activamente involucradas en el mismo proyecto o en la misma cadena de suministro) se envían a varios PNC.

En tales situaciones, los PNC que recibieron las instancias específicas informarán y coordinarán con todos los demás PNC involucrados desde el principio, con el objetivo de designar a los PNC líderes y de apoyo y adoptar acuerdos de coordinación.

30. Generalmente, el PNC del país en el que han surgido los problemas sería el PNC líder. Sin embargo, en determinadas situaciones se pueden aplicar otros criterios, por ejemplo cuando sea necesario para contribuir a la resolución de las cuestiones planteadas, o cuando hayan surgido cuestiones en un no Adherente. Las partes deberían ser informadas con respecto a los arreglos de coordinación y consultadas sobre las decisiones de transferir el caso a un PNC líder diferente al PNC al que se presentó el caso.

31. El PNC líder es responsable de todos los aspectos del proceso de instancia específica y sus procedimientos para el manejo de casos serán aplicados a dicho proceso. A lo largo del proceso de instancia específica, los PNC de apoyo se mantendrán informados de los avances y pueden prestar recursos, por ejemplo, revisando declaraciones/informes, brindando servicios de traducción, apoyando reuniones conjuntas con las partes involucradas y brindando otro tipo de asistencia práctica. Los PNC de apoyo actuarán de buena fe para fomentar la resolución de la instancia específica y todos los PNC involucrados respetarán la confidencialidad y el uso apropiado de la información y los materiales recibidos por parte de otros PNC.

32. Los PNC pueden buscar asistencia, incluyendo propuestas, del Presidente del WPRBC al discutir la selección de PNC líderes y de apoyo y la coordinación entre ellos. Si los PNC no llegan a un consenso, aquellos que recibieron las solicitudes de instancias específicas deberían tomar una decisión final sobre el caso en consulta con los demás PNC interesados y mantenerlos informados regularmente sobre el progreso del caso.

Evaluación inicial

33. Tras consultar a las partes acerca de las cuestiones planteadas y, cuando corresponda, tras coordinarse con otros PNC interesados para designar el PNC líder a la luz de los párrafos 29 a 32 anteriores, el PNC hará una evaluación inicial referida a si la cuestión planteada amerita un examen más detallado.

Al realizar esta evaluación inicial, el PNC tendrá en cuenta:

- la identidad de la parte interesada y su interés en el asunto;
- si la cuestión es pertinente, es decir, si es relevante para la implementación de las *Líneas Directrices*; y si ha sido fundamentada, es decir, respaldada por información suficiente y creíble;

- si la empresa está cubierta por las *Líneas Directrices*;
- si parece existir un vínculo entre las actividades de la empresa y el problema planteado en la instancia específica;
- la medida en que la legislación aplicable y/o los procesos paralelos limitan la capacidad del PNC para contribuir a la resolución del problema y/o la implementación de las *Líneas Directrices*, a la luz del párrafo 35 a continuación;
- si el examen de la cuestión planteada contribuiría a los propósitos y a la eficacia de las *Líneas Directrices*.

34. Tras su evaluación inicial, el PNC responderá a las partes interesadas. Si decide que las cuestiones planteadas no ameritan un examen más detallado, informará a las partes de los motivos de su decisión. La decisión de que un caso amerita un examen más detallado no significa que las cuestiones planteadas hayan sido objeto de un examen completo y no implica ningún hallazgo sobre si una empresa ha actuado o no de conformidad con las *Líneas Directrice*s.

Procesos paralelos

35. El término "procesos paralelos" se refiere a procesos judiciales o no judiciales, de carácter nacional o internacional, que involucran cuestiones idénticas o estrechamente relacionadas y que pueden influir en la instancia específica en curso. Esto incluye, por ejemplo, instancias específicas ante el mismo PNC o ante otro. Si los procesos paralelos han sido realizados, están en curso o se encuentran a disposición de las partes, ello no impide al PNC ofrecer a las partes sus buenos oficios. Los PNC deberían evaluar si una oferta de buenos oficios podría contribuir de manera positiva a la resolución de los problemas planteados y/o la implementación de las *Líneas Directrices* en el futuro y si no crearía un perjuicio grave para ninguna de las partes involucradas en estos otros procesos, ni causaría una situación de desobediencia al tribunal. Al hacer tal evaluación, los PNC podrían tener en cuenta las prácticas de otros PNC, considerar la posibilidad de aceptar parcialmente la instancia específica o suspender su examen mientras los procesos paralelos están en curso y, cuando corresponda, consultar con las instituciones ante las cuales esos procesos paralelos se están llevando a cabo o podrían llevarse a cabo. Los PNC buscarán la asistencia de las partes durante la revisión de estos asuntos, solicitando información y opiniones relevantes sobre los procesos paralelos.

Buenos oficios

36. Cuando los problemas planteados ameriten un examen más detallado, el PNC ofrecerá sus "buenos oficios" en un esfuerzo por contribuir a la resolución de los problemas. Como parte de los buenos oficios, el PNC puede buscar el asesoramiento de las autoridades pertinentes, así como de representantes de la comunidad empresarial, organizaciones laborales, otras organizaciones no gubernamentales y expertos, de conformidad con sus propios procedimientos para el manejo de casos. La realización de consultas con los PNC en otros países o la solicitud de información al Secretariado, así como la búsqueda de orientaciones por parte del WPRBC sobre cuestiones relacionadas con la interpretación de las *Líneas Directrices*, también pueden contribuir a la resolución de los problemas planteados.

37. A través de los buenos oficios, los PNC ofrecerán una plataforma de diálogo a las partes para ayudar en la resolución de las cuestiones planteadas. En línea con la naturaleza no judicial del proceso de instancias específicas, y con el consentimiento de las partes, el papel del PNC incluye crear las condiciones para un diálogo y un acuerdo entre las partes en torno al compromiso de la empresa de avanzar en la implementación de las *Líneas Directrices* en el futuro y, cuando corresponda, abordar, de conformidad con las *Líneas Directrices*, los impactos negativos que puedan haber ocurrido. Al mismo tiempo que facilita el diálogo, el PNC debería explicar las disposiciones de las *Líneas Directrices* que son relevantes para las cuestiones planteadas, a fin de ayudar a las partes a alcanzar un acuerdo compatible con las *Líneas Directrices*.

38. Como parte de la puesta a disposición de sus buenos oficios, y cuando sea relevante para las cuestiones en cuestión, los PNC ofrecerán o facilitarán el acceso a procesos consensuados y no contenciosos, como la mediación o la conciliación, para ayudar a las partes a resolver las cuestiones planteadas. Al igual que las prácticas aceptadas de conciliación y mediación, estos procesos se utilizarían únicamente previo acuerdo de las partes interesadas y con su compromiso de participar de buena fe durante el proceso. Si la opción elegida es la mediación, los PNC pueden optar por llevar a cabo la mediación ellos mismos o involucrar a mediadores externos en consulta con las partes para realizar o apoyar la mediación.

Conclusión del proceso

39. Se espera que los PNC hagan siempre públicos los resultados de una instancia específica de acuerdo con los párrafos I.C-4. y I.C-6. de los Procedimientos.

40. Cuando el PNC, después de haber realizado su evaluación inicial, decida que las cuestiones planteadas en la instancia específica no ameritan un examen más detallado, hará pública una declaración después de consultar a las partes involucradas y teniendo en cuenta la necesidad de preservar la confidencialidad de la información comercial sensible o de otro tipo. Si el PNC cree que, con base a los resultados de su evaluación inicial, sería injusto revelar públicamente la identidad de una de las partes en una declaración sobre su decisión, puede redactar dicha declaración de forma tal que se proteja su identidad.

41. El PNC también puede hacer pública su decisión de que las cuestiones planteadas ameritan un examen más detallado, así como su ofrecimiento de buenos oficios a las partes involucradas.

42. Si las partes involucradas llegan a un acuerdo sobre las cuestiones planteadas, deberían indicar en ese acuerdo cómo y en qué medida se hará público el contenido de ese acuerdo. El PNC, en consulta con las partes, publicará un comunicado con los resultados del proceso. El PNC puede hacer recomendaciones sobre la implementación de las *Líneas Directrices*, aun cuando exista un acuerdo total o parcial entre las partes.

43. Si las partes involucradas no logran llegar a un acuerdo sobre todas o algunas de las cuestiones planteadas, si una o ambas partes se retiran del proceso, o si el PNC determina que una o varias de las partes en la instancia específica se niega a involucrarse o a participar de buena fe, el PNC emitirá una declaración y hará recomendaciones, según corresponda, sobre la implementación de las *Líneas Directrices* en relación con los temas planteados. Este proceso deja en claro que un PNC emitirá una declaración, incluso cuando considere que no se requiere una recomendación específica. La declaración debería mencionar la identidad de las partes involucradas, las cuestiones planteadas, la fecha en que se plantearon las cuestiones ante el PNC y cualquier recomendación u observación que el PNC considere apropiado incluir sobre las razones por las cuales el proceso no condujo a un acuerdo.

44. Cuando corresponda y sea relevante para la resolución de las cuestiones planteadas, el PNC también puede, a su propia discreción, en la medida en que lo permita la legislación nacional aplicable y sus procedimientos para el manejo de casos, exponer en su declaración final su punto de vista sobre si la empresa observó las *Líneas Directrices*. Asimismo, cuando corresponda, el PNC podrá informar a las entidades gubernamentales pertinentes sobre la participación de buena fe de las partes o la falta de dicha participación, y debería comunicarse de manera transparente con las partes respecto a las acciones previstas o llevadas a cabo en este sentido.

45. El PNC debería brindar a las partes la oportunidad de hacer comentarios al borrador de declaración. Sin embargo, la declaración es responsabilidad del PNC y queda a su discreción decidir si realiza cambios al borrador en respuesta a los comentarios recibidos.

Seguimiento

46. Cuando corresponda, los PNC realizarán un seguimiento de los acuerdos que faciliten o de las recomendaciones que formulen. Dicho seguimiento puede no ser necesario en situaciones en las que, por ejemplo, las partes rechacen dicho seguimiento o acuerden que los problemas planteados se han resuelto por completo. Los plazos para este seguimiento deberían ser indicados en la declaración del PNC. El seguimiento puede implicar, por ejemplo, la solicitud de actualizaciones a las partes, o una o varias reuniones entre el PNC y las partes (ya sea por separado o en conjunto) para evaluar los avances en la implementación de los compromisos asumidos en el acuerdo o de las recomendaciones del PNC. Tras realizar su seguimiento, el PNC debería publicar declaraciones de seguimiento.

Transparencia y confidencialidad

47. La transparencia se reconoce como un principio general para la conducta de los PNC (consulte el párrafo 10c. en la sección "Criterios fundamentales de eficacia", que se encuentra más arriba). Sin embargo, el párrafo I.C-6. de Procedimientos reconoce que existen circunstancias específicas en las que se justifica mantener la confidencialidad de ciertos hechos y argumentos presentados por las partes. Por ejemplo, el PNC tomará las medidas adecuadas para proteger la información empresarial sensible, como los secretos comerciales. Del mismo modo, otras informaciones, como la identidad de las personas involucradas en el proceso, deberían mantenerse confidenciales, por ejemplo, si su divulgación los expone a ellas o a personas relacionadas a riesgos de sufrir represalias. No obstante, sigue siendo importante lograr un equilibrio entre la transparencia y la confidencialidad para generar confianza en el proceso de instancias específicas y promover la implementación efectiva de las *Líneas Directrices*. Se reconoce que los PNC pueden estar obligados a seguir la legislación nacional en materia de transparencia y divulgación, independientemente de estas disposiciones.

48. Con respecto al intercambio de información entre las partes, en aras de un proceso equitativo, el PNC debería, en principio, informar a las partes de todos los hechos y argumentos relevantes presentados ante el PNC por las otras partes durante el proceso (en particular durante la fase de buenos oficios). Si una parte hace una solicitud razonable para no compartir la totalidad de sus observaciones con la otra parte, en particular para proteger información empresarial sensible y los intereses de otras partes interesadas, el PNC debería trabajar con la parte solicitante para eliminar cualquier contenido confidencial a fin de facilitar el intercambio. En la medida de lo posible, los PNC deberían evitar basar aspectos fundamentales de sus decisiones en información que no esté disponible para ambas partes.

49. En lo que respecta a cualquier comunicación pública o con terceros sobre la instancia específica, y en consonancia con el criterio fundamental de eficacia de la transparencia, las partes y el PNC pueden, salvo acuerdo en contrario, comunicar la existencia de la instancia específica. Además, se alienta a los PNC a permitir que las partes comuniquen públicamente sobre la etapa del proceso, como se describe en la sección I.C.1.-5 de los Procedimientos (o hacerlo ellos mismos), y a autorizar a las partes involucradas a publicar su solicitud inicial. Ambas partes también pueden discutir la información o los documentos compartidos por la otra parte con sus asesores en la instancia específica, siempre y cuando dichos asesores no divulguen la información en cuestión. Toda otra información será confidencial a menos que las partes acuerden lo contrario. En particular, los PNC informarán a las partes, desde el inicio del proceso, que éstas no pueden revelar en ningún momento hechos y argumentos compartidos durante el proceso por la otra parte o por el propio PNC (incluido, cuando corresponda, un mediador o conciliador externo) que no sean ya sea de dominio público, sin el consentimiento de la otra parte o del PNC, respectivamente. En aras de la previsibilidad, la confianza y la seguridad, los PNC pueden solicitar garantías por escrito de las partes y sus asesores a este respecto, y adoptar disposiciones en sus procedimientos para el manejo de casos que fomenten el cumplimiento de sus requisitos de no divulgación de información.

Problemas que surgen en los no Adherentes

50. Como se señaló en el párrafo 2 del capítulo Conceptos y principios, se alienta a las empresas a observar las *Líneas Directrices* dondequiera que operen, teniendo en cuenta las circunstancias particulares de cada país anfitrión.

- En el caso de que surjan problemas relacionados con las *Líneas Directrices* en un país no Adherente, los PNC de los países de origen tomarán medidas a fin de comprender los problemas en cuestión. Aunque no siempre será posible contar con acceso a toda la información pertinente o reunir a todas las partes involucradas, el PNC puede igualmente estar en condiciones de solicitar información y participar en otras actividades de investigación. Por ejemplo, se podría contactar con la dirección de la empresa en el país de origen y, en su caso, con embajadas y funcionarios del gobierno en el país no Adherente.
- Los conflictos con las leyes, regulaciones, normas y políticas del país anfitrión pueden dificultar la implementación efectiva de las *Líneas Directrices* en instancias específicas más que en los Adherentes. Como se señaló en el comentario del capítulo sobre Principios generales, si bien las *Líneas Directrices* se extienden más allá de la ley en muchos casos, no deberían y no tienen la intención de colocar a una empresa en una situación en la que se enfrente a obligaciones contradictorias.
- Las partes involucradas deberán ser informadas de las limitaciones inherentes a la implementación de las *Líneas Directrices* en los no Adherentes.
- Las cuestiones relacionadas con las *Líneas Directrices* en países no Adherentes también podrían discutirse en las reuniones de los PNC con miras a desarrollar experiencia para el manejo de los problemas que surgen en estos contextos.

Calendario indicativo

51. El procedimiento de las instancias específicas comprende cinco etapas diferenciadas:

1. *Coordinación*: cuando proceda, coordinar con otros PNC en función de las características de la solicitud de instancia específica recibida para determinar el PNC líder. Los acuerdos iniciales de coordinación para identificar a los PNC líderes y de apoyo deberían completarse en un plazo de dos meses.
2. *Evaluación inicial y decisión de ofrecer buenos oficios para asistir a las partes:* los PNC deberían tratar de concluir una evaluación inicial dentro de los tres meses posteriores a la identificación del PNC líder y de apoyo, aunque se puede requerir tiempo adicional para recopilar o traducir la información necesaria para adoptar una decisión informada.
3. *Asistencia a las partes en sus esfuerzos por resolver las cuestiones planteadas*: Si un PNC decide ofrecer sus buenos oficios, debería esforzarse por facilitar de manera oportuna la resolución de las cuestiones. Reconociendo que el progreso a través de los buenos oficios, incluyendo a través de procedimientos de mediación y conciliación, depende en última instancia de las partes involucradas, el PNC debería, tras consultar con las partes, establecer un calendario razonable para la deliberación entre ellas con miras a resolver los problemas planteados. Si no logran llegar a un acuerdo dentro de este calendario, el PNC debería consultar con las partes sobre la conveniencia de continuar asistiendo a las partes; si el PNC llega a la conclusión de que la continuación del proceso no tiene posibilidades de dar lugar a un resultado, debería poner fin al proceso y proceder a preparar una declaración.
4. *Conclusión del proceso:* El PNC debería esforzarse por emitir su declaración dentro de los tres meses siguientes a la conclusión del proceso.
5. *Seguimiento:* El PNC puede determinar su propio cronograma para la etapa de seguimiento, en consulta con las partes.

52. Como principio general, los PNC deberían esforzarse por concluir el proceso dentro de los 12 meses (14 meses si se necesita coordinación para designar un PNC líder) desde la recepción de la solicitud de instancia específica hasta su conclusión. Se reconoce que es posible que sea necesario ampliar este plazo, si las circunstancias así lo justifican, por ejemplo cuando los problemas surgen en un país no Adherente, cuando la instancia específica involucra a múltiples empresas, múltiples solicitantes y múltiples PNC o cuando se necesitan traducciones. Siempre que se esperen o se experimenten demoras en el manejo de una instancia específica, el PNC debería mantener informadas a las partes de manera oportuna, para mantener la previsibilidad del proceso. El PNC, de conformidad con sus procedimientos para el manejo de casos, puede decidir publicar actualizaciones sobre el estado de los casos.

Reportar al WPRBC y al Comité de inversiones

53. La presentación de informes es una responsabilidad importante de los PNC que también ayudaría a construir una base de conocimientos y competencias básicas para favorecer la eficacia de las *Líneas Directrices*. En este sentido, los PNC presentarán su informe anual al WPRBC y al Comité de inversiones a fin de incluir en el Informe anual sobre las *Líneas Directrices* de la OCDE información relativa a todas las instancias específicas que hayan sido iniciadas. El WPRBC proporcionará al Comité un análisis de los informes anuales de los PNC que se incluirá en el Informe anual sobre las *Líneas Directrices.* Los informes anuales de los PNC deberían incluir instancias específicas en las etapas de coordinación, evaluación inicial, buenos oficios, conclusión o seguimiento. En sus informes sobre las actividades de implementación en instancias específicas, los PNC cumplirán con los principios de transparencia y confidencialidad establecidas en el párrafo I.C-6-7 de los Procedimientos y en sus procedimientos para el manejo de casos.

Apoyo a los esfuerzos de los gobiernos para promover la conducta empresarial responsable

54. La Decisión reconoce el apoyo que los PNC pueden brindar en el desarrollo, la implementación y la coherencia de las políticas y programas gubernamentales que promueven la conducta empresarial responsable, cuando corresponda y de acuerdo con las entidades gubernamentales pertinentes. En particular, los PNC pueden respaldar la alineación de dichos esfuerzos con las *Líneas Directrices* y contribuir a mantener su posición como estándar internacional para la conducta empresarial responsable, así como con otros instrumentos y guías de la OCDE que se derivan de las *Líneas Directrices*, como las guías de la OCDE sobre debida diligencia.

55. Según el contexto, existen varias formas en que los PNC pueden apoyar a su gobierno en sus esfuerzos por desarrollar, implementar y fomentar la coherencia de las políticas públicas para promover la conducta empresarial responsable. En primer lugar, se alienta a los PNC a compartir con las entidades gubernamentales pertinentes sus declaraciones e informes, así como otros datos, encuestas e ideas, cuando el PNC sepa que son relevantes para las políticas públicas y programas de una entidad específica, como la defensa de intereses comerciales, la diplomacia económica, u otras formas de apoyo y servicios las empresas. En segundo lugar, los Adherentes han encontrado útil involucrar a su PNC en el desarrollo e implementación de políticas públicas o programas tales como planes de acción nacionales sobre conducta empresarial responsable y/o empresas y derechos humanos. Esta disposición no cambia la naturaleza voluntaria de las *Líneas Directrices*, y cualquier apoyo proporcionado por el PNC o solicitado a éste debería tener en cuenta sus capacidades y prioridades, y no debería menoscabar su aptitud para cumplir con sus responsabilidades descritas en la Decisión y los Procedimientos.

II. Comentario a los Procedimientos para el Comité de inversiones, el WPRBC y el Secretariado

56. Los Procedimientos de la Decisión del Consejo brindan orientación adicional al Comité, al WPRBC y al Secretariado en el desempeño de sus responsabilidades, que incluyen:

- Cumplir con sus responsabilidades de manera eficiente y oportuna.

- Revisar las solicitudes de asistencia de los PNC, proporcionando aclaraciones, orientación e información sobre la interpretación de las *Líneas Directrices* en casos específicos.
- Facilitar el intercambio de opiniones sobre las actividades de los PNC.
- Prever la posibilidad de buscar asesoramiento de socios y expertos internacionales.

57. Es importante destacar que, debido a la naturaleza no vinculante de las *Líneas Directrices*, el Comité no actúa como órgano judicial o cuasi judicial. Además, las conclusiones y declaraciones emitidos por los PNC (salvo las interpretaciones de las *Líneas Directrices*) no deberían cuestionarse mediante una remisión al Comité. La disposición que establece que el Comité no emitirá conclusiones sobre la conducta de empresas individuales ha sido mantenida en la propia Decisión.

58. El Secretariado y el WPRBC revisarán las solicitudes de asistencia de los PNC en caso de duda sobre la interpretación de las *Líneas Directrices* en instancias específicas en curso. En tales situaciones, los PNC primero deberían comunicarse con el Secretariado para obtener información sobre la interpretación de las *Líneas Directrices* en casos similares. Cuando dicha información no esté disponible o sea insuficiente para ayudar al PNC, o el Secretariado no esté en posición de ayudarlo, el PNC puede solicitar orientación al WPRBC. Estas solicitudes se manejarán de manera confidencial y, en función de los recursos disponibles, con celeridad. Para agilizar el tratamiento de las solicitudes de orientación, el WPRBC puede organizar reuniones *ad-hoc* o establecer un subgrupo para responder a dichas solicitudes. En tal caso, el WPRBC desarrollará los procedimientos a seguir por el subgrupo. La información proporcionada por el Secretariado y la orientación del WPRBC son confidenciales, específicas para cada caso y de carácter consultivo. El Secretariado informará periódicamente al WPRBC, y el WPRBC informará periódicamente al Comité, sobre los temas que dieron lugar a solicitudes de información y orientación, y sobre las respuestas proporcionadas, respetando debidamente la confidencialidad. Si el WPRBC considera que una cuestión sobre la que se solicita orientación requiere una aclaración de la interpretación de las *Líneas Directrices*, invitará al PNC a solicitar una aclaración al Comité sobre la base de la sección II.2.c) de los Procedimientos.

59. Las aclaraciones de la interpretación de las *Líneas Directrices* en la sección II.2.c) de los Procedimientos siguen siendo una responsabilidad clave del Comité para garantizar que la interpretación de las *Líneas Directrices* no varíe de un país a otro. Una solicitud de aclaración puede ser presentada por un Adherente, un órgano consultivo (BIAC o TUAC) u OECD Watch, incluso con respecto a si un PNC ha interpretado correctamente las *Líneas Directrices*, o por un Comité anterior en una instancia específica cerrada. La aclaración del Comité será preparada por el WPRBC con el apoyo del Secretariado, de acuerdo con los procedimientos que definirá el Comité, y se hará pública en el sitio web de la OCDE. El Comité de inversiones no formulará conclusiones sobre la conducta de empresas individuales al emitir su aclaración, y no se espera que los PNC vuelvan a abrir una instancia específica como resultado de una aclaración.

60. Durante las discusiones de las actividades de los PNC, el Comité puede hacer recomendaciones, según sea necesario, para mejorar su funcionamiento, incluso con respecto a la implementación efectiva de las *Líneas Directrices* y para abordar cualquier situación en la que un PNC deje de funcionar. En particular, el Comité puede determinar, sobre la base de los dos últimos ciclos de informes anuales de un PNC y a propuesta del WPRBC, que un PNC, durante un período prolongado y sin motivo legítimo, manifiestamente no ha estado operando de manera consistente con los Procedimientos. Tal conclusión puede basarse, por ejemplo, en la reiterada falta de asignación de los recursos necesarios para el desempeño básico de las responsabilidades del PNC, en modalidades institucionales manifiestamente inadecuadas, en la ausencia de actividades de promoción, en significantes demoras indebidas y repetidas en el manejo de las instancias específicas, o en la ausencia de informes. En este contexto, el Comité puede formular recomendaciones al país del PNC e invitarlo a informar sobre la implementación de éstas dentro de un plazo específico. Además, puede formular recomendaciones adicionales si dicho informe no permite al Comité determinar que el PNC está funcionando de manera compatible con los Procedimientos.

El Comité puede solicitar al Secretariado que asista al Adherente en la implementación de las recomendaciones. El Adherente cuyo PNC está involucrado debería participar en el proceso de buena fe y unirse al consenso, a excepción de circunstancias excepcionales determinadas por ese mismo país.

61. El Comité también considerará las solicitudes fundamentadas de un país adherente, un órgano consultivo (BIAC o TUAC) u OECD Watch que informen que un PNC no ha cumplido con sus responsabilidades procesales en la implementación de las *Líneas Directrices* en las instancias específicas. La respuesta del Comité será preparada por el WPRBC con el apoyo del Secretariado, de acuerdo con los procedimientos definidos por el Comité. Será aprobada por consenso. El Adherente cuyo PNC sea objeto de una solicitud fundamentada debería participar en el proceso de buena fe y unirse al consenso, excepto en circunstancias excepcionales determinadas por ese. El Comité dará al Adherente en cuestión la posibilidad de expresar su opinión sobre la solicitud fundamentada antes de tomar una decisión, y el Comité puede invitar al Adherente a informar sobre la implementación de cualquier recomendación dentro de un plazo de doce meses posteriores a la respuesta.

62. Para involucrar a no Adherentes en los ámbitos cubiertos por las *Líneas Directrices*, el Comité puede invitar a los no Adherentes interesados a sus reuniones, a las Mesas redondas anuales sobre responsabilidad empresarial y a reuniones relacionadas con proyectos específicos sobre conducta empresarial responsable.

63. Finalmente, el Comité y el WPRBC pueden recurrir a expertos para revisar y presentar informes sobre cuestiones más generales (por ejemplo, trabajo infantil o derechos humanos) o temas específicos, o para mejorar la eficacia de los procedimientos. Para ello, el Comité podría recurrir a expertos de la OCDE, organizaciones internacionales, los órganos consultivos (BIAC y TUAC), OECD Watch, organizaciones no gubernamentales, integrantes del campo académico u otros. Queda entendido que estos expertos no podrán constituir un panel para resolver cuestiones específicas.

www.ingramcontent.com/pod-product-compliance
Lightning Source LLC
LaVergne TN
LVHW082047051026
849532LV00011B/3515